ベンチャー経営論

長谷川博和

東洋経済新報社

はしがき

　世界的に大きなイノベーションが起きており、ダイナミックな構造変化がもたらされています。いまや電話番号やメールアドレスを探して連絡することはほとんどなくなり、LINE や Facebook などで直接連絡することが当たり前になっています。スマートフォンでは Google や Yahoo! といった検索ポータルから見たいサイトに行くのではなく、直接、ダウンロードしたアプリでサイトを使うことが増えています。自動車は自動運転がもうすぐ実現するでしょうし、医療技術も発達して遺伝子検査なども珍しいものではなくなりました。海外に行くときには従来のように直接ホテルやレンタカー、タクシーを使おうとするのではなく、新興企業のサービスを使って予約します。また、いまや世界中どこの国の人々でもスマートフォンを使いこなしています。

　このように、ほんの5年前には想像もつかなかった技術・サービスが当たり前に使われるほど、現在の変化は大きなものですが、それを主体的に引き起こす側と遅れて受動的に取り入れる側に大きく二極化しているように思います。変化を引き起こすことを目指すベンチャー企業や新規事業は、もちろん失敗する確率も高いのですが、成功した場合には社会に大きな影響を与えることができるし、経済的にも莫大なキャピタルゲインを獲得できます。

　現在の日本も大きく変化していますが、世界的なイノベーションのスピードとくらべると遅いような気がします。遅れて受動的に取り入れる側となっている企業、個人が多いのです。

　このような現状を打開し、世界的なイノベーションを日本から主体的に引き起こし続ける企業、個人を多数輩出することに資するのが、本書の目的です。

本書の読者対象

　本書の対象とする読者の第1は、大学生・大学院生です。前提となる経営学などの素養がなくても読めるように配慮しました。「ベン

チャー企業論」「新規事業論」「イノベーション・マネジメント」「ビジネスプラン作成」「起業家養成講座」などの専門講座の受講生だけでなく、医学部や理工学部、文学部などの、一見、ベンチャー企業とは無関係にみえる学生にも読んでほしいものです。アントレプレナーシップ（企業家精神）はベンチャー企業だけに必要なものではなく、大企業、政府・自治体、NPOやNGO、ソーシャルビジネスにも必要な考え方だからです。

第2の対象読者は、社会人大学院生や高校生です。筆者は日頃、早稲田大学ビジネススクールで教鞭をとっています。本書は初学者向けに書いていますが、ビジネススクールの学生にも十分読み応えがあるように配慮しました。また、高校生にも、早い段階から人生にはいろいろな選択肢があることを知る意味で、ぜひ読んでほしいと考えます。

第3の対象読者は、実際にベンチャー企業を創業しようとしている方、創業した方、ベンチャー企業で働こうと考えている方々です。ベンチャー企業の楽しさと大変さを事前に学ぶことは意味あることです。

最後に、大企業やファミリー企業（同族企業）でイノベーションを起こしたいと考えている人です。既存の組織がマンネリ化しているのを打破し、革新的な組織をつくり出したい意欲のある人にとって有意義なものであると確信しています。

本書の特徴

こうした幅広い読者層の多様なニーズに応えるために、本書には以下のような特徴をもたせました。

① 理論と実務の両方を網羅

ベンチャー企業のマネジメントに関する経営理論を網羅し、初学者が必要な理論を体系的に学ぶことができます。理論だけでも、逆に実務的なハウツーだけの本でもありません。理論と実務の融合こそが本書のねらいです。また、主にはベンチャー企業の立ち上げを想定していますが、先にも記したように大企業やファミリー企業（同族企業）において新規事業を創出してイノベーションを図りたい場合にも参考になるよう

に記述しました。

② 豊富な実例をもとに、実際にベンチャービジネスを始めることを前提に解説

筆者が見聞した、多くのベンチャー企業や大企業の新規事業立ち上げの事例をもとに記述しました。事例として挙げた企業は必ずしも成功企業として取り上げたわけではありません。必要な機能や要素を含んだ典型的な事例だと考えて取り上げました。今後、環境の変化で倒産する企業事例も出てくるかもしれません。それがベンチャー企業です。

③ 授業や企業研修で活用しやすい

大学および大学院では、通常、90分授業を15回行うことが多いと思います。そこで本書では15章立てとし、毎回の授業で利用できるように工夫しました。また、授業全体を通してビジネスプランを作成し、発表会をすることを前提にしてあります。数人のグループをつくって、毎週、次の授業までに討議をし、授業にのぞむという想定です。筆者はこれまで高校、大学、大学院でベンチャー企業の授業を行ってきましたが、ガイダンスをしっかりすれば学生はビジネスプランづくりに興味をもち、その楽しさとたいへんさを実感して、熱中するものです。きっと大学でも評判の名物授業になることでしょう。

これは企業研修でも同じです。当然90分授業を15回ではありませんが、事前学習をしっかりやることで、理論の習得とともに、グループでのビジネスプラン作成ワークショップを1日で行うことも可能です。本書の複数の章を組み合わせて研修プログラムを組むことをおすすめします。

想定する授業の進め方

本書を用い、どのように授業を進めるかは教員の方次第ですが、想定する使い方は以下のとおりです。

①初回の授業では第1章を使いながらベンチャー企業の定義や意味について議論します。また、学生のチーム分けを実施します。その

チームで14回目にビジネスプラン発表会を実施し、優勝チームを選抜する旨を説明します。発表時間や作成のルールなどもあらかじめ説明してください。
②初回の授業の最後に第2回の授業の事前課題を出します。第2章の事前課題のうち、いくつかを次回までに考えてくることが課題です。本書を読むことと、それ以外にインターネットなどの情報を使いながら学生は事前課題を提出できるように予習してきます。
③第2回の授業では、学生の考えてきた事前課題を発表させ、それをまとめる形で本書を使いながら、学生の理解できないところを解説していきます。また、授業の後半には、各チームのビジネスプラン作成の進捗状況を確認する意味で、数チームに1～2分の短い発表をさせ、教員が短いコメントをすることも必要です。
④授業の最後には第3回の事前課題を明示するとともに、第2回の事前課題を教員に提出してから終了とします。

本書の構成

本書は3部構成です。

第Ⅰ部（PART 1）は「チャンスの見極め――どのように爆発するネタを仕入れるか？」です。将来有望な自分たちがチャレンジする対象を見極めることです。「天」の動きを読むことです。

第Ⅱ部（PART 2）は「起業のプロセス――うまくいく組織をどのように効率的につくるか？」です。起業をスタートさせる前後にどのような点に留意して準備したらいいかを考えることです。

第Ⅲ部（PART 3）は「成長マネジメント――いかに成長し続けるか？」です。会社を設立した後に、どのように成長軌道に乗せるのか、当初のビジネスプランとずれてきたときに、どのように軌道修正するのか、出口（EXIT）をどのように考えるべきかをまとめています。

なお、いくつかの章では、拙書『ベンチャーマネジメント［事業創造］入門』（日本経済新聞出版社）、『アントレプレナーシップ入門』（共著、有斐閣）、および『日経産業新聞』のコラム「VB経営 AtoZ」

（2014年9月4日から約2年間）に執筆した内容を活用しています。

　読者がアントレプレナーシップをもって、自由で生き生きとした自分の人生を歩む契機になることを心から祈ります。

　今回の執筆では東洋経済新報社の中山英貴氏にたいへんお世話になりました。出版社からの視点で多くのアドバイスをいただいたことに感謝します。また、早稲田大学で秘書をしていただいている芹田具子さんにもたいへんお世話になりました。

　恩師の早稲田大学名誉教授・松田修一先生には、日頃から多くの示唆をいただいていることに心から感謝を申し上げます。

　　2017年11月

長谷川 博和

ベンチャー経営論　目次

はしがき ……………… iii

CHAPTER 1　ベンチャー企業とは何か？
──講義の全体像の紹介　　　1

ケース　**オイシックスドット大地** ……………… 1
1　ベンチャー企業の定義 ……………… 3
2　成功する起業家の特徴 ……………… 4
3　ベンチャー経営はアートとサイエンス ……………… 9
Column　チームをつくってビジネスプランを14回目に発表しよう ……………… 10
まとめ ……………… 12
事前課題 ……………… 12
さらに深く学びたい人のための文献案内 ……………… 12

PART 1　チャンスの見極め
──どのように爆発するネタを仕入れるか？　　　15

CHAPTER 2　経営理念とは何か？　　　15

ケース　**サウスウエスト航空** ……………… 15
1　経営理念とは？ ……………… 16

| 2 | 経営理念の成功例、失敗例 …………… 17
| 3 | Why－What－Howの順番こそ成功のカギ …………… 19
Column　危機的なときには企業理念に戻る …………… 20
まとめ ………… 21
事前課題 ………… 21
さらに深く学びたい人のための文献案内 …………… 21

CHAPTER 3　新しいビジネスアイデアをどのように見つけるか？　23

ケース　ジャパン・ティッシュ・エンジニアリング …………… 23
| 1 | イノベーションとは？ …………… 26
| 2 | ビジネスアイデアの発見法 …………… 28
| 3 | リーン・スタートアップ（ボーングローバル）…………… 33
Column　あなたの周りで最も困っている人を探せ …………… 33
まとめ ………… 35
事前課題 ………… 35
さらに深く学びたい人のための文献案内 …………… 35

CHAPTER 4　仮説の検証とは何か？　37

ケース　WHILL …………… 37
| 1 | 仮説検証・修正（PDCAサイクル）とは？ …………… 40
| 2 | 成長軌道に乗せる …………… 41

Column	1回目のビジネスアイデアを発表しよう
	——エレベータピッチ ········· 43

まとめ ········· 45
事前課題 ········· 45
さらに深く学びたい人のための文献案内 ········· 45

PART 2　起業のプロセス　47
——うまくいく組織をどのように効率的につくるか？

CHAPTER 5　ビジネスモデルをどのように創出するのか？　47

ケース　**アスクル** ········· 47

1. ビジネスモデルとは？ ········· 50
2. 多様なチームで考える・危機感の醸成 ········· 53

Column　将棋や囲碁は先の読みが大切 ········· 54

まとめ ········· 55
事前課題 ········· 56
さらに深く学びたい人のための文献案内 ········· 56

CHAPTER 6　最良の経営チームをどのように構築するのか？　57

ケース　**ワイズセラピューティックス** ········· 57

1. 創業メンバーの重要性 ········· 60

| 2 | 主な経営チームのメンバー ……………… 62
| 3 | 経営メンバーの集め方 ……………… 63
| 4 | 人材の採用と教育 ……………… 64
Column　経歴のいい人よりも企業理念の一致する人 ……………… 66
まとめ ……………… 68
事前課題 ……………… 68
さらに深く学びたい人のための文献案内 ……………… 68

CHAPTER 7　ライバルとどのように差別化するか？　71

ケース　**カーブス** ……………… 71

| 1 | 競争戦略のタイプ ……………… 73
| 2 | ブルー・オーシャン戦略とは？ ……………… 74
| 3 | 知的財産権の確保 ……………… 76
Column　必ずマネをする他社が現れるだろう ……………… 79
まとめ ……………… 81
事前課題 ……………… 81
さらに深く学びたい人のための文献案内 ……………… 81

CHAPTER 8　資金調達をどのように行うのか？　83

ケース　**グリー** ……………… 83

| 1 | 段階別資金調達先 ……………… 86

2　ビジネスエンジェル、ベンチャーキャピタル ……… 87
3　資本の拠出者の動機付けの仕組み ……… 91
Column　資金調達の成功の仕方 ……… 94
まとめ ……… 95
事前課題 ……… 96
さらに深く学びたい人のための文献案内 ……… 96

CHAPTER 9　ビジネスプランをどのように作成するのか？　97

1　ビジネスプランのつくり方 ……… 97
2　リスクを下げるための作成ステップ ……… 98
3　記載すべき内容とポイント ……… 99
Column　ビジネスプランは10回以上書き直せ ……… 103
まとめ ……… 104
事前課題 ……… 104
さらに深く学びたい人のための文献案内 ……… 104

CHAPTER 10　支援者にはどのような人がいるのか？　107

ケース　ジンズ田中仁――現代の松下村塾 ……… 107

1　多くの利害関係者 ……… 108
2　地域の支援者としてのファミリービジネス ……… 112
Column　2回目のビジネスプランの発表
　　　　――伝えたいことを効果的に伝える ……… 112

まとめ ………… 114
事前課題 ………… 114
さらに深く学びたい人のための文献案内 ………… 114

PART 3 成長マネジメント ―― いかに成長し続けるか？ 117

CHAPTER 11 キャッシュ・フローをいかに厳密に管理するか？ 117

ケース **インクス** ………… 117

1. キャッシュ・フローの厳格な管理 ………… 121
練習問題 ………… 123
2. キャッシュ・フローによる企業の成長段階 ………… 123
Column 3つの「死の谷」 ………… 125
まとめ ………… 128
さらに深く学びたい人のための文献案内 ………… 128
練習問題の模範解答 ………… 129

CHAPTER 12 大企業といかにネットワークを強めるか？ 131

ケース **ユーグレナ** ………… 131

1. 大企業の新規事業探索 ………… 132
2. コーポレートベンチャーキャピタルとは？ ………… 133

目次　xiii

3　協創関係の構築の仕方 ……… 134
　Column　会社を大企業に買ってもらうのは恥ですか？ ……… 136
　まとめ ……… 138
　事前課題 ……… 139
　さらに深く学びたい人のための文献案内 ……… 139

CHAPTER 13　株式公開・M&Aをいかに成し遂げるか？　141

　ケース　サイバーダイン ……… 141
　1　株式公開市場とM&A市場 ……… 143
　2　企業価値評価（Valuation） ……… 145
　3　株式公開・M&Aのメリット・デメリット ……… 146
　Column　ソーシャルビジネスも大切です ……… 150
　まとめ ……… 152
　事前課題 ……… 152
　さらに深く学びたい人のための文献案内 ……… 153

CHAPTER 14　ビジネスプランコンテストで優勝するには？　155

　ケース　エコオロギ ……… 155
　1　ビジネスプランコンテストで優勝するには？ ……… 156
　2　プレゼンテーションの優劣 ……… 158
　Column　最終的なビジネスプランをうまく発表する ……… 160

まとめ 162
事前課題 162
さらに深く学びたい人のための文献案内 162

CHAPTER 15 リスク・リターンの適正な活力ある社会の構築へ　163

1. 講義のまとめ 163
2. アントレプレナーシップの普及に向けた提言 164

巻末資料

資料1　日本のベンチャーキャピタル、ベンチャー企業の統計、情報一覧 167
資料2　海外のベンチャーキャピタル、ベンチャー企業の統計、情報一覧 170
資料3　ベンチャーに関するおすすめ動画 172
資料4　ベンチャーに関するおすすめ映画 173
資料5　ベンチャーに関するおすすめ情報サイト 174

起業を目指すなら知っておきたい　名言集 175
秋山好古／稲盛和夫／上杉鷹山／植村直己／勝海舟／スティーブ・ジョブズ／高杉晋作／福沢諭吉／本田宗一郎／升田幸三／松下幸之助／山本五十六／吉田松陰

索引 179

CHAPTER 1

ベンチャー企業とは何か？
──講義の全体像の紹介

ケース　オイシックスドット大地

> オイシックスドット大地株式会社（2017年10月1日からオイシックスと大地を守る会が統合）
> 代　　表：代表取締役社長　髙島 宏平（たかしま こうへい）
> 本　　社：東京都品川区
> 設　　立：2000年6月
> 上　　場：2013年3月（東京証券取引所マザーズ）
> 従業員数：228人（2017年3月末）
> 連結売上高：230億円（2017年3月期）
> 連結経常利益：7.7億円（2017年3月期）

　オイシックス株式会社は2000年に創業されました（2017年10月1日にオイシックス株式会社と株式会社大地を守る会が合併しました。以下の記述は、オイシックス株式会社を中心に書いています）。安心・安全な野菜をインターネットで受注し宅配するECビジネスです（図表1-1）。東京大学大学院を修了後、コンサルティング会社のマッキンゼー・アンド・カンパニーを経て会社を創業した髙島氏でしたが、当初は野菜を提供してくれる農家の開拓に苦労し、また、宅配のシステムを構築するのに相当に悩みました。しかし、地道な農家への説得活動が実って着実に提供される農産物が増えてきました。これまでの農協を通じた流通では、自分が丹精してつくった農作物が消費者にどのように評

図表1-1　オイシックスの安心、安全宣言

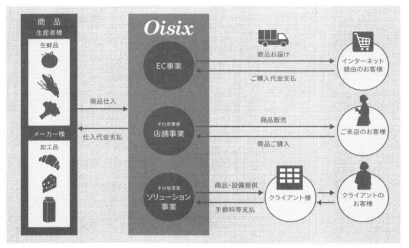

（出所）オイシックスドット大地株式会社 HP（www.oisixdotdaichi.co.jp）。

価されたかがわかりませんでしたが、オイシックスの場合、購入して食べた消費者が「美味しくてびっくりした」「いまひとつだった」などコメントを返してくれることが農家の間で大いに評判になっていきました。農家からも消費者からも「これまでにないサービスで、本当に良かった」とコメントをもらい、創業メンバーは真に仕事の喜びを感じられる瞬間を味わうことができたのです。

　その後、顧客が急速に増えてくるにともない、社員も増えてきました。事務所もどんどん手狭になります。会社は熱気にあふれ、外部からかかってくる電話や社員の相談する声でうるさいくらいです。社員用入り口に、置ききれないほどの靴があふれていました。企業が成長している実感があり、ベンチャー企業で働いている楽しさでもありました。大企業から転職してきた者も何人もいましたが、大企業のように定型的な仕事はなく、毎日、自ら考えながら仕事をつくり出していく、会社が成長している、自分が成長している姿が感じられることに大きな喜びを感じていました。

　会社を広い場所に移転し、資金調達も実施して、物流センターやネッ

トシステムも、当初とはくらべものにならない充実したものができました。高島社長は企業の成長にともなって、経営のたいへんさや、成長段階にともなう苦しみを乗り越えながら、社員がどんどん成長する姿を見ることが大いなる喜びである、と考えています。

　筆者はベンチャー企業を創業する、またはそこで働くことは大いに楽しいことであり、大いに意義のあることであると強く主張します。これからの世界、とくに日本の成長性を考えたときに、従来の大企業に勤務することと、ベンチャー企業を創業する、あるいはそこで働くことも同等に検討すべきでしょう。むしろ自分に自信があり、才能の高い人はベンチャー企業を創業すべきです。

　具体的には、こんな製品・サービスを提供してお客様に喜んでもらいたい（困っている人を助けたい）という「思い」から、従来とは違う新しい製品やサービスを顧客に提供したら受けるのでないか？　すごいことになるのではないか？　という「仮説」を立ててベンチャー企業を創業します。しかし、なかなか思いどおりにお客様に評価されない、売れない、仲間とともに苦しむ、あせる、どうしたらいいかわからず試行錯誤する。その後、ようやくお客様が買ってくれるようになる。はじめてお客様が本格的な注文をしてくれたときには、本当に万歳三唱、ビールかけでもしたいくらい、うれしいものです。とくにお客様から「ありがとう」「これはすごいことだ」「また注文するよ」と評価されたときには、本当に飛び上がりたいくらいの喜びなのです。

1　ベンチャー企業の定義

　ベンチャーの語源は、「ベンチャー（venture）＝冒険。冒険的な企て。また、投機」（『大辞泉』）です。**ベンチャー企業**は「成長意欲の強い起業家に率いられたリスクを恐れない若い会社で、製品や商品の独創性、事業の独立性、社会性、さらに国際性をもったなんらかの新規性のある企業」と定義できます（松田修一『ベンチャー企業』を参照）。

　米国では一般的に、「スモールビジネス」と総称され、テクノロジーを

重視し、新しいビジネスに挑戦するという意味で、「ニューテクノロジー・カンパニー」「ニューベンチャー」「スモールカンパニー」と呼ばれています。Venture Companyといってもほとんど理解してもらえません。

米バブソン大学のティモンズ教授は、何もないところから価値を創造する過程（プロセス）のことを「アントレプレナーシップ(Entrepreneurship)」と定義します。彼は卓越した経験豊富な創業者が魅力ある起業機会を追求し、適切な人材、必要な資金、その他経営資源を駆使して経営するのがアントレプレナーシップであるとしています（**ジェフリー・A・ティモンズ**『ベンチャー創造の理論と戦略』参照）。

筆者はさらに仮説検証主義の大切さと、大企業、政府・自治体、NPOやNGO、ソーシャルビジネスにおいても重要な要素であることを重視して、アントレプレナーシップを「経営理念をもち、自らの仮説を立ててそれを検証し、修正し続けることにより、成果を出そうとする意欲」と定義します。また、そのようなアントレプレナーシップをもって経営している企業がベンチャー企業です。

ベンチャー企業は、このようなアントレプレナーシップをもって経営していることが大切で、「横断歩道、みんなで渡れば怖くない」とか「寄らば大樹」という保守的な考え方の対極にあるといえます。

2 成功する起業家の特徴

夢と希望をもってベンチャー企業を創業しても成功するのはむずかしいことです。何をもって成功したかという定義は多様ですが、もし創業時に描いていた夢や計画が達成できているか、という指標で成功を定義するとしたら、創業から5年後では約20％が成功し、残りの80％は失敗しているといえましょう。日本では銀行借り入れを行う傾向が高く倒産に至るのをなんとしても回避する傾向が強いので、会社自体は5年後でも存続しているでしょうが、創業当初の夢や計画とはかけ離れたものになっていることでしょう。米国では4年後に会社が存続している比率は約40％（従業員20人未満）、ドイツでは5年後に50％となっ

図表1-2 世界を代表するベンチャー経営者

Apple：Steve Jobs
（出所）@ AFP PHOTO/ERIC CABANIS.

Amazon：Jeff Bezos
（出所）@ AFP PHOTO/JOE KLAMAR.

Facebook：Mark Zuckerberg
（出所）@ AFP PHOTO/LLUIS GENE.

ています。つまり欧米では中小企業の半分以上が4～5年後には存続していないのです。リスクが高く、スピードが要求されるベンチャー企業においては存続比率が20％程度というのが実感です。

　これほど成功がむずかしいベンチャー企業ですが、一方で大成功した起業家もいます。みなさんは世界的に成功した経営者として誰を思い浮かべるでしょうか？　Appleの創業者である**スティーブ・ジョブズ**、Amazonの創業者である**ジェフ・ベゾス**、Facebookの創業者である**マーク・ザッカーバーグ**などが挙げられるでしょう。おそらく、彼らの夢の水準は高く、自分では成功したと思っていないでしょう。そこが面白いところです（図表1-2）。

　それでは、成功する経営者の特徴はどのようなものでしょうか？　起業家に求められる能力としては、以下の7つが挙げられるでしょう。

第1章　ベンチャー企業とは何か？──講義の全体像の紹介

① 過去の経験と起業タイミング
② 起業時の志（夢・ロマン）の高さ
③ 経験に裏打ちされた感性の鋭さ
④ 先を読み取る力
⑤ タイミングの良い決断
⑥ 組織やチームをまとめるリーダーシップ
⑦ 常に全体を把握するバランス感覚

① 過去の経験と起業タイミング

　成功する起業家が一夜にしてできるわけではなく、生まれ育った環境、受けてきた教育、起業する前の職場などさまざまな環境のなかで起業のスキルが育まれてゆきます。

　日本の起業平均年齢は40歳ですが、最近では若者と中高年の起業が増加しており、とくに25〜35歳の若い起業家が増えています。

　家庭環境も重要で、企業経営者や自営業、さらに大企業であっても管理職の子弟から起業家が出る割合が高い傾向にあります。

　また、教育課程においては、起業教育を受けており、起業疑似体験（ゲーム、ケース演習、インターンシップ、社長による体験授業など）を積むことで、起業についてのセンスが養われた人が多いようです。

　職場経験は、起業スキルの向上にとって実践体験を積む場となります。会社勤務の時代に受け身で仕事をしていたか、常に自己の目標をもって積極的に仕事に取り組んでいたかどうかが起業への大きな分岐点といえるでしょう。職場体験のなかでも、新しいプロジェクト、新規事業、社内ベンチャーなどに取り組むチャンスがあれば、起業家の予備軍として得がたい体験ができるでしょう。

　参考までに、筆者が出会った成功しているベンチャー経営者のキャリアパターンを紹介します。彼らは大学卒業後いったん就職し、3〜5年後にビジネススクールで学んで経営学修士号（MBA）を取得し、その後、自分が起業したいと考える成長業種の、100〜200人規模の企業にマネジャーとして就職し、幅広い経験を積みます。そこで起業時の

パートナーを探しながら35歳までに3社を転職してから自分の会社を起業しています。

② 起業時の志（夢・ロマン）の高さ

無名なベンチャーが優秀な人材を集め、組織としての活動を進めていくためには、また、エンジェル（創業間もない企業に対して資金を提供する富裕な個人投資家）などの出資者から資金調達をするためには、夢と夢を実現するためのプロセスを明確に語るとともに、その思い入れの強さを外部にアピールできなければなりません。成功する経営者はその志が非常に高く、少しくらいの障壁にもへこたれません。この志（夢・ロマン）を文章にしたのが経営理念です。

③ 経験に裏打ちされた感性の鋭さ

成功する起業家は直観力に優れています。同じ事象が目に入ってきたときに、ほかの誰よりも的確な判断をし、経営環境などの外部的な変化を見逃さず、その事象が自社のビジネスに及ぼす影響を素早く察知して、タイミングを逃さず決断できる能力をもっています。この能力は、どのような思考プロセスを経てその結論や判断にたどり着いたのかが外からみてもわかりづらく、明確ではないため、時として第三者を論理的に説得できるようなものではありません。しかし、これは起業家の長く、深い経験に裏打ちされた感性やスキルが集積した結果であり、起業家にとってはきわめて重要な能力といえましょう。

④ 先を読み取る力

ベンチャー企業が成長するためには、将来成長の可能性がある未開拓、未知の市場や技術領域に参入する必要があります。また、既存市場がある場合には、既存の競争相手とはまったく違った経営のやり方を行う必要も出てきます。自社が成長し、生き残ってゆくために、外部の環境を把握し、それらが自社にどのような影響をもちうるのかを素早く把握する力は必須となるでしょう。

⑤ タイミングの良い決断

起業家が将来の成長領域に参入するのは当然のこととして、「いつ参入するか」はたいへん重要な決断です。市場が完全に未成熟な段階で

参入してしまっては、経営資源の乏しいベンチャーは市場が立ち上がる前に倒産してしまうでしょう。いわゆる、「早すぎた」状態です。逆に、参入したときには、同じビジネスチャンスに気づいた競合他社が乱立しているケースもあります。経営資源に乏しいベンチャーは同じく苦戦を強いられるでしょう。「遅すぎた」状態です。

⑥　組織やチームをまとめるリーダーシップ

企業が立ち上がり、さまざまな能力のある人材を１つにまとめ上げ、一定の方向に向かわせるためには、起業家のリーダーシップが不可欠となります。

とくに事業のスタートアップの時期にこそ、きちんとした根拠に基づいた信賞必罰を重要視することが必要です。ベンチャー企業がその拡大期に急激に崩壊するときには、社内のコミュニケーションが希薄になり、トップが裸の王様になっていることが多いものです。社内の状況、経営チーム、従業員の状況に目を配り、キメの細かいコミュニケーションをとってゆく必要があります。

⑦　常に全体を把握するバランス感覚

日本の起業家の多くは、企業は自分のものという意識が強すぎて、バランス感覚が欠けていることがしばしばです。ベンチャー企業といえども、経営に必要な機能は大企業と変わりがありません。すなわち、技術、営業、管理（資金調達）、システムの４つの要素をマネジメントしてゆくことが必要です。どんなに能力が高くても、この多岐にわたる機能を１人ですべてやることは不可能であり、自己を冷静に見つめ、自己に不足する機能をどのように補填してゆくのかを考えるのが起業家のバランス感覚です。

技術に強い社長であれば、どうしてもその他の機能についてはおろそかになりがちです。そのような場合、社長が思いもよらなかった技術以外の部分から経営が崩壊してゆくことが少なくありません。自分の得意分野以外について信頼できる人材を発掘し、任せるとともに、自分の得意領域に埋没することなく、一段上の視点をもって全体を把握する能力が必要です。

図表1-3　ベンチャー経営の両輪

Art	Science
・K³(気合い、根性、1000回)	・ベンチャービジネス(VB)経営戦略のつくり方
・タイミングとスピード	・VBビジネスプラン
・チャレンジ	・VB経営理念のつくり方
・経営理念(夢・社会貢献)	・VB経営チームの組成
・あこがれ、先輩の姿	・VB資本政策
・あふれる情熱、大金持ち	・VBマーケティング
・プライベートジェット……	・メガトントレンドのE利き
	・グローバルな成功事例
	・成功事例と失敗事例

(出所)筆者作成。

3　ベンチャー経営はアートとサイエンス

　ベンチャー企業の経営はArt(感性)の部分とScience(理論)の両方がなければうまくいかないと思います(図表1-3)。

　Art(感性)の部分は夢やあこがれ、気合いや根性、断られても1000回営業する、チャレンジ、スピードなどです。これは大企業よりもベンチャー企業にこそ、求められる要素であり、非常に重要です。

　その一方で、Science(理論)はベンチャー企業向けの経営理念のつくり方、ビジネスプランのつくり方、経営チームのつくり方などです。これは大企業でも必要なことですが、とりわけベンチャー企業に特化した理論体系があります。これら両方がなければベンチャー企業の成功確率は上がらないと思います。

　Art(感性)だけでは出たとこ勝負となりますし、またScience(理論)だけでは評論をするのみで前には進みません。過去の多くのベンチャー経営者の体験、英知をScience(理論)で学びながら、Art(感性)の部分を研ぎすますことが大切だと思います。

　以降の章では、大学および大学院で15回の授業を行うことを前提にしながら、Art(感性)の重要性に触れつつも、主にはScience(理論)に焦点を合わせて議論を進めてゆきます。

Column　チームをつくってビジネスプランを14回目に発表しよう

　この講義を通じて、ビジネスプランを作成して発表する体験をしてみましょう。講義の14回目にはみなの前で堂々とビジネスプランを発表して、達成感を味わいましょう。次章以降のテキストに書かれた内容を参考にするとともに、チームをつくってお互いに議論しながら完成度を上げてください。自分たちだけでなく、折に触れて外部の先生、公認会計士やベンチャーキャピタリストなど、専門家に聞いてもらい、アドバイスをもらうとレベルの高いものとなることでしょう。単に授業の一環で作成するのではなく、優れたビジネスプランができたら外部のビジネスプランコンテストに出場したり、本当にチームで起業することを目指して作成してください。あなたの人生が変わるかもしれません（図表1-4）。

　そのなかで、非常に重要なことは多様なチームをつくることです。スケールの大きなアイデアの創出には、個人の力にのみ依拠するのではなく、多様性を生かしてチームでのぞむと成功確率が高まります。年齢、性別、国籍、文化、職務経験、育ってきた環境など、多様なメンバーが集まって意見を出し合うことで、今まで考えつかなかったようなアイデアの組み合わせが生まれます。それがビジネスアイデアとなります。非連続的なアイデアを創出するには、新しい血を強制的に入れることも重要です。たとえば、これまで5人のプロジェクトメンバーで進めていた場合、2人は必ず新規メンバーに入れ替えを行うべきです。

　チームメンバーは5人が妥当と考えます。3人は効率がいいですが、作業がたいへんですし、6人ですと見ているだけの人が何人か出るものです。意見が分かれることもあるので、なるべく奇数がいいと思います。

　こうすることにより、今までのビジネスアイデアの反省を客観的に行え、かつ新しいアイデアも創出しやすくなります。早稲田大学校歌の3番にある「集り散じて　人は変れど　仰ぐは同じき　理想の光」

図表1-4　ビジネスプラン作成・発表の標準スケジュール

回	課題
第 1 回	ゴール設定、スケジュール、チーム編成
第 2 回	チーム名、経営理念の発表
第 3 回	困っている顧客の発表
第 4 回	ビジネスアイデアの発表(1)
第 5 回	ビジネスアイデアの発表(2)
第 6 回	ビジネスアイデアの中間発表(ビジネスアイデアの確定)
第 7 回	差別化についての発表
第 8 回	資金調達についての発表
第 9 回	ビジネスプランの発表(1)
第10回	ビジネスプランの発表(2)
第11回	成長段階ごとのマイルストーン・リスクの明確化、売上高、利益、キャッシュ・フロー予想
第12回	ビジネスプランの発表(3)
第13回	ビジネスプランの完成、発表練習
第14回	最終発表会・審査会

（注）毎回の授業は講義と発表を繰り返します。
（出所）筆者作成。

という言葉が示すとおり、常に自由に人が出入りして知の交流を行いつつ、一つのビジョンに向かうチームワーク、人のつながりこそが、スケールの大きなビジネスアイデアの創出に不可欠です。

　図表1-4にはビジネスプラン作成・発表の標準的なスケジュールを示しました。講義の第15回は全体のまとめと試験をするとして、第14回にはビジネスプランの発表会をします。ほかの教員や実際に創業したことのある経営者、公認会計士などを呼んで審査会（コンテスト）のようにしても盛り上がることでしょう。

　そのために、毎回の90分の授業は講義とグループ発表の2部構成とします。グループ発表は2〜3分の短い時間で発表してもらい、教員およびほかの学生がコメントして、次回までに修正してくるものとします。

> **まとめ**
>
> 1. アントレプレナーシップを「経営理念をもち、自らの仮説を立ててそれを検証し、修正し続けることにより、成果を出そうとする意欲」と定義します。また、そのようなアントレプレナーシップをもって経営している企業がベンチャー企業です。
> 2. 起業家に求められる能力としては、①過去の経験と起業タイミング、②起業時の志（夢・ロマン）の高さ、③経験に裏打ちされた感性の鋭さ、④先を読み取る力、⑤タイミングの良い決断、⑥組織やチームをまとめるリーダーシップ、⑦常に全体を把握するバランス感覚が必要です。
> 3. ベンチャー企業の経営は、Art（感性）と Science（理論）の両方がなければうまくいきません。

事前課題

1. あなたが考える（または憧れる）アントレプレナーは誰ですか？ その人は何を成し遂げましたか？ またその人は起業家に求められる能力7つのうち、いくつあるかを評価してください。
2. ビジネスプランを作成するチームをつくってください。自由にメンバーを編成するか、教師が編成するかはお任せしますが、できたら1チーム4人または5人にしてください。

さらに深く学びたい人のための文献案内

松田修一『ベンチャー企業』日本経済新聞出版社、1998年。
　　ベンチャー企業論の基本書。知っておかなければならない項目はほとんど網羅されている。

長谷川博和『ベンチャーマネジメント［事業創造］入門』日本経済新聞出版社、2010年。
　　豊富な事例を使い、ベンチャー経営者が悩む事象に対して理論と実務か

ら解説している。ビジネススクールで使われる体系的な書。

忽那憲治・長谷川博和ほか『アントレプレナーシップ入門——ベンチャーの創造を学ぶ』有斐閣、2013 年。

　ベンチャー企業の事業機会を見つけるところから、株式公開までのすべての過程を体系的に学べる。初心者にもわかりやすい入門書。

岩瀬大輔『金融資本主義を超えて——僕のハーバード MBA 留学記』文春文庫、2009 年。

　ライフネット生命保険を立ち上げた岩瀬大輔がハーバード・ビジネススクールへの留学を通じ、感じたこと・考えたことをまとめた書籍。

ジェフリー・A・ティモンズ『ベンチャー創造の理論と戦略——起業機会探索から資金調達までの実践的方法論』千本倖生・金井信次訳、ダイヤモンド社、1997 年。

PART 1 チャンスの見極め
──どのように爆発するネタを仕入れるか？

CHAPTER 2

経営理念とは何か？

ケース　サウスウエスト航空

　サウスウエスト航空は米国テキサス州ダラスに本部をもつ格安航空会社です。座席指定がない、制服がない、清掃員がいない、機内食がない、VIPラウンジがないというのが特徴です。一方で、機内では笑いが絶えない、社員採用時にはユーモアのセンスがあることを最重視する、顧客同士がすぐに友だちになる、高収益会社、継続黒字企業であるなど、ユニークな航空会社として有名です。

　この会社の基本理念は11項目あり、なかでも、「あなたが従業員に接する態度はそのまま従業員が顧客に接する態度になる」「ざっくばらんで、ありのままの自分でいこう」「仕事を楽しもう」「当社はサービス企業と心得よ」「引き受けたことは何があってもやり抜け」「常に基本理念を会社のなかで実践せよ」などは非常にユニークです。また企業ポリシーは「お客様第2主義、従業員第1主義」という珍しいものです。これらはサウスウエスト航空の企業理念であると同時に、CEOであった**ハーブ・ケレハー**自身の理念でもあります。「従業員を満足させることで、かえって従業員自らが顧客に最高の満足を提供する」という経営者の「思いを言葉に」した好事例であり、それをもとに事業計画書も作成されているのです。

　従業員第1主義を掲げ、従業員が個性的で楽しく仕事ができることを志向していることで、従業員エンゲージメント（会社への愛着心）が

高まっています。その結果、顧客ロイヤルティの向上、顧客離反率の低下、売り上げと利益の拡大が達成できています。

　たとえば、アメリカ同時多発テロ事件が起こり、景気の低迷によって他社が大量の人員削減を余儀なくされたときでも、サウスウエスト航空は従業員を解雇することはありませんでした。このような姿勢も経営理念を貫いた行動といえましょう。

1 経営理念とは？

　経営理念とは、企業経営上の価値観ならびに行動規範を、企業の顧客、従業員をはじめ利害関係者に示したものと定義できます。この経営理念が浸透することによって**顧客満足**（Customer Satisfaction: CS）と**従業員満足**（Employee Satisfaction: ES）を両立させる効果があるとされています。困難をともなうベンチャー企業の起業家には、高い経営理念を構築し、保持することが非常に重要です。

　企業の経営環境がいっそう複雑化するなかで、とりわけ、トップマネジメントの経営姿勢に対する社会からの評価がきびしくなっています。このことは、市場が企業に対し、法令遵守（**コンプライアンス**）の徹底をはじめとする経営活動の見直しを要請していることを示しています。**バーナード**（C. I. Barnard）は、「組織の存続は、それを支配している道徳性の高さに比例する。すなわち、予見、長期目的、高遠な理想こそ協働が持続する基礎なのである」と述べ、「高い道徳性、高い理想に基づいた強力なトップの信念が従業員の欲求や社会的環境の要請と一致し経営理念となる」と指摘しています（『新訳　経営者の役割』）。

　この経営理念が果たしうる機能として、モチベーション、判断、コミュニケーションという3点のベースを提供するということがあります（伊丹敬之・加護野忠男『ゼミナール　経営学入門　第3版』）。つまり、経営理念があることによって、①その経営理念に向かって各人を日々、頑張ろうという気持ち・意欲にさせる「モチベーション」（ベクトルを合わせるともいいます）、②組織内の各人がトップの意思を理解

し、細かい指示を出さなくても経営理念に基づく行動ができるようになり、迷ったら経営理念に従うという意味で「判断」、③経営理念が日常の経営活動の末端まで浸透し、従業員だけでなく顧客や取引先にまでこの経営理念を伝えてゆくという意味で「コミュニケーション」、の3つの効果があるとされます。そのため、長期的で高遠な理想をもった経営理念を組織に浸透させることが必要となります。

2 経営理念の成功例、失敗例

　経営理念は、具体的に企業がどこに向かうかを示すものでなければなりません。

　たとえば、「人類の平和と幸福に貢献する企業となる」とか「平和と健康を愛し、心の通う企業を目指します」という経営理念は壮大ですが、どこの企業にも当てはまり、社員はその企業・組織が将来どのようになろうとしているかの青写真、そこへ至るまでの大まかなロードマップのイメージが湧いてきません。

　では、「ソフトウエア業界において3年以内にナンバーワンの地位とブランドを確立する」というものは、妥当な経営理念でしょうか？　これは企業の当面の目標は示していますが、「なぜわれわれの企業は存在しているのか？」という問いには答えていません。経営理念は、何らかの理想に向けて進もう、という鼓舞するようなイメージが伝わらなければなりません。

　筆者が携わった経営理念作成の例として、株式会社**ジャパン・ティッシュ・エンジニアリング**を紹介します（詳しくは第3章冒頭「ケース」参照）。同社は再生医療等製品の開発・製造・販売を手がけていますが、経営理念は「再生医療の産業化を通じ、社会から求められる企業となる。法令・倫理遵守のもと、患者様のQOL向上に貢献することにより、人類が生存するかぎり成長し続ける企業となる。その結果、すべてのステークホルダーがより善く生きることを信条とする」です（図表2-1）。

図表2-1　ジャパン・ティッシュ・エンジニアリングのロゴマーク

企業理念の三要素
　再生医療を産業化すること
　社会・患者様から必要とされること
　会社が永続的に成長すること

ティッシュ・エンジニアリングの三要素
　細胞、材料、生理活性物質

ステークホルダー
　株主、顧客・患者様、従業員と地域社会

（出所）株式会社ジャパン・ティッシュ・エンジニアリング HP（www.jpte.co.jp）。

　ポイントとして、第1に、世界でも最先端技術分野である「再生医療」において、単なるシェアアップを目的にするのではなく、自らがフロントランナーとして、1つの産業をつくり出すという、壮大なチャレンジをしようとしています。また、第2に、社会から求められる企業となることで、単なるシーズ志向（企業独自の技術やこだわりに沿った商品やサービスを開発、製造、販売しようとすること）の研究開発企業で終わってはいけないということです。第3には、人類が生存するかぎり成長し続ける企業、少なくとも100年から200年後のために社業を進めている、という志の高さを示しています。

　このように経営理念がしっかりと策定され、また、経営理念の定着に経営陣が注力しているため、厚生労働省の承認に係る多くの困難や資金調達の苦しみなどを乗り越え、再生医療ではじめての上市、保険収載と株式公開を成し遂げることができました。また、人材も日本中から高度な技術者を採用できています。会社設立から10年間に役員を除いて112人が入社し、退職したのはわずか24人に過ぎません。しかも、地元就職志向の強い愛知県において、約6割は愛知県以外の出身者が志をもって引っ越してきています。経営理念の大きな効果が出ているものと思われます。

図表2-2　Why－What－How

（出所）筆者作成。

3　Why－What－Howの順番こそ成功のカギ

　成功確率が低いベンチャー企業、新規事業において、その成功確率を高める考え方として、経営理念・**ミッション**（Why）－競争戦略（What）－オペレーション（How）の3つの観点が大切になります。とくにこの順番で考えることこそ、成功確率を上げることにつながります。得てして逆の How － What － Why という順番で考える経営者が多いですが、それが困難を引き寄せることになると思います（図表2-2）。

　経営理念・ミッション（Why）はなぜわれわれがこのビジネスを目指すのか、どのような社会の実現を目指し貢献しようとしているかを明示しています。これによって、利害関係者に問題意識が共有され、共感を呼び、共鳴を始め、最後には共振して一緒にプロジェクトに積極的にかかわりたいと思うようになります。

　次の競争戦略（What）は、経営理念を実現するために、当面、誰を顧客にして、どのような製品・サービスを提供するのか、どのように他社と差別化するかを決めることです。とくにすべての分野をねらうのでなく、特定の展開分野・顧客に絞り（言葉を換えれば他の展開分野や顧客を捨てる）、そこに経営資源を集中することが成功の秘訣でしょう。

　最後のオペレーション（How）は、どのように経営理念や競争戦略を実行するか、ということで、現場力ともいいます。同業他社の中期計画や競争戦略でやろうとしていることでは差がつかなくても、実行でき

るかどうかで差が生まれてくるものです。日本企業が強みを発揮できるのはこの現場力であり、現場で起きるいろいろな問題を従業員が当事者として発見し、解決していくこと、つまり業務遂行型でなく、問題解決型に現場を変えることが大切となるでしょう。

> Column　危機的なときには企業理念に戻る
>
> 　数年前に食品業界で不祥事が頻発しました。顧客が食べ残した食材を使い回したり、賞味期限をごまかしたり、中国製なのに日本製と偽ったりしたことで、謝罪会見や不買運動なども起こりました。その多くは伝統ある有名企業でありましたが、そのようなトラブルによって会社は危機的な状態に陥りました。「ばれなければ大丈夫だろう」、という油断が引き起こしたものです。現代はスマートフォンを使ってのネットへの書き込み、写真の投稿等で情報が一気に拡散されるため、不正を隠し通せるものではありません。
>
> 　それではこのような会社の危機的な状況に遭遇して、あなたが社長ならどのように対応しますか？　とりあえず謝罪会見を開き、関係する利害関係者に謝りに伺い、不正に関与した役員、社員を処罰した後に、どうすることが必要でしょうか？　経営不振から有望な社員が退職し始めているかもしれませんし、取引先や大口顧客も注文を見合わせているかもしれません。そこで、不祥事の再発防止のために、専門的なコンサルタントを雇い、詳細な従業員規則や製造マニュアルをつくり直して厳しくします。あるいは不正をしている人の行動を公衆通報できる仕組み、いわば、誰でも内部告発できる仕組みをつくって相互監視を強める制度を設ける会社もあるでしょう。
>
> 　このような目の前の対策も必要でしょうが、このような危機的なときにこそ、もう一度、経営理念に戻り、会社全体を団結させることが大切ではないでしょうか？　たとえば全社員を会議室に集めて「私たちの経営理念は何か？」「何のために私たちは働いているのか？」「美味しい食品をお客様に届けて喜んでもらうことが根本理念ではなかっ

たのか?」などの議論をすべきです。そこではこのような経営理念に基づく行動に全員が再度、立ち戻ることを誓い合うことが大切だと思います。たとえ社長や常務から「不正をやりなさい」と命令されたとしても、アルバイトの人に至るまで「これは経営理念に反する行動だと思いますので実施しません」と堂々といえる環境をつくるべきだと考えます。

> **まとめ**
>
> 1. 経営理念とは企業経営上の価値観ならびに行動規範を、企業の顧客、従業員をはじめ利害関係者に示したものです。経営理念が果たしうる機能は、モチベーション、判断、コミュニケーションという3点のベースの提供です。
> 2. 経営理念は具体的に、企業がどこに向かうかを示すものでなければなりません。
> 3. 成功確率が低いベンチャー企業、新規事業において、その成功確率を高める考え方として、経営理念・ミッション(Why)-競争戦略(What)-オペレーション(How)の3つの観点が大切となります。

事前課題
1. 経営理念とは何ですか? 作成することでどんないいことがあるのですか?
2. あなたが優れていると思う会社を2社選び、そのホームページなどを調べて経営理念が何かを書きなさい。その経営理念が会社の経営に根付いているかどうか、理由とともにまとめなさい。

さらに深く学びたい人のための文献案内

Barnard Chester I., *The Functions of the Executive*, Harvard University

Press, 1938（C・I・バーナード『新訳　経営者の役割』山本安次郎・田杉競・飯野春樹訳、ダイヤモンド社、1968 年).

伊丹敬之・加護野忠男『ゼミナール経営学入門　第 3 版』日本経済新聞社、2003 年。

小倉昌男『小倉昌男 経営学』日経 BP 社、1999 年。
　ヤマト運輸の社長である小倉昌男の「宅急便」を生み出した苦労を書いたケーススタディ。人生を考える際に参考になる重要な本。

ウォルター・アイザックソン『スティーブ・ジョブズ　1・2』井口耕二訳、講談社、2011 年。
　アップルを創業したスティーブ・ジョブズの生き様がよく記述されている。ベンチャー企業の楽しさ、むずかしさのすべてが書かれている。

CHAPTER 3

新しいビジネスアイデアをどのように見つけるか？

ケース　ジャパン・ティッシュ・エンジニアリング

> 株式会社ジャパン・ティッシュ・エンジニアリング
> 代　　表：代表取締役　社長執行役員
> 　　　　　畠 賢一郎（はた けんいちろう）
> 本　　社：愛知県蒲郡市
> 設　　立：1999年2月
> 上　　場：2007年12月（JASDAQ　現グロース）
> 従業員数：178人（2017年1月）
> 売 上 高：21.4億円（2017年3月期）
> 経常利益：3億円（2017年3月期）

　新規事業分野の探索方法および事業計画書作成の効果についてのケースとして、再生医療業界として日本ではじめて株式公開企業となった**株式会社ジャパン・ティッシュ・エンジニアリング**を取り上げます。

　同社の創業は、1994年、眼科医療機器メーカーであるニデック（本社愛知県蒲郡市、設立1971年7月、従業員1632人、売上高393.7億円（2017年3月期））が新規事業の探索を始めたことがきっかけです。そのために、将来のビジネスの種のみを考える「21世紀委員会プロジェクト」が設立され、委員2人が選定されました。この2人には、「市場規模1000億円、売上100億円、利益10億円の事業を探せ」（ただし自動車関連事業とパチンコ関連事業は除く）という指令のもと、マ

23

図表3-1　21世紀委員会が選択した最終事業候補

A. 健康産業	癒しビジネス、家庭用健康機器、その他
B. 農業	植物工場、アルゼンチンでの大規模農業、その他
C. インターネット事業	ECサイト運営、医療情報サービス事業、その他
D. 太陽電池／太陽光発電システム	
E. アクア(水)ビジネス	機能水、整水器、健康食品、その他
F. 医療	レーザー治療機器、ティッシュ・エンジニアリング

(出所) 株式会社ジャパン・ティッシュ・エンジニアリング資料より。

ンションの一室を確保、勤怠管理はなく、調査費、旅費、IT投資は上限なく認めて、4年間は好き放題に活動してよい、との条件が出されました。

　この「21世紀委員会プロジェクト」メンバーは、各種調査会社のレポート調査やセミナーへの出席、多くのインタビューなどを経て、メガトントレンドとの組合せ異業種ベンチマークを実施して、図表3-1に示した最終事業候補(アイデア)を選択しました。

　この事業アイデアを、当時のニデック社長であった故小澤秀雄氏を中心とするアイデア評価メンバーが投資家の視点で選別しました。その視点は、①本当に市場規模1000億円、売上100億円、利益10億円が見込める事業であるか？　②顧客やエンドユーザーにとって重要な価値を創造するか？　③当社の従来事業とシナジーがありそうか？　という観点で選別にのぞんだのです。

　結果として、本業の眼科と若干のかかわりがあることと、当時、産業として米国で興りつつあり、日本で誰も手がけていなかったのでベンチャー企業がチャレンジする価値があるというベンチャー精神の追求から、ティッシュ・エンジニアリング(再生医学)事業が採択されました。

　しかし、実際に子会社として事業をスタートしてみると、ティッシュ・エンジニアリング事業は、当初の事業計画書とは大幅に異なる規模のものでした。必要となる要素技術も、従来もっていた眼科領域とはまったく異なるものであったのです。

　そこで、事業計画書を変更し、医薬申請の経験のある富山化学工業と

図表3-2 ジャパン・ティッシュ・エンジニアリングの主要製品（自家培養軟骨）

（出所）株式会社ジャパン・ティッシュ・エンジニアリングHP（www.jpte.co.jp）。

上場企業として経営能力のあるINAXに経営への参画と出資を、三菱UFJキャピタルに出資を依頼しました。

　その後、厚生労働省の承認基準がきびしく変更されるという想定外な事象も起きたため、当初の事業計画書にあったような株式公開までの時間（3年程度）も調達資金量（約5億円）も大幅に長期化、増大することになりました。実際には株式公開までの時間は9年程度かかり、調達資金量は60億円程度必要でした。このように事業計画書が大幅に変更になりながらも株式公開までたどり着けたのは、小澤洋介初代社長、大須賀俊裕専務をはじめとする、起業家精神にあふれたメンバーが揃っていたからでしょう。

　調達した資金は2012年6月末時点で資本金77.1億円、資本準備金55.4億円、合計132.5億円となっています。過去14期にわたり損失を計上してきた企業が、132億円もの資本を調達できたのは、事業計画書をしっかり修正し、株主に対して中期の目標や開発の成果、今後の売上高、利益の見通しを詳細に開示してきた成果です。通常、バイオ関連産業は、基礎開発から売上高、利益貢献に至るまでの初期の赤字期間が長く、また、損失が大きいものの、製品が販売開始されれば非常に大きな収益が見込める、という業界特性（いわゆる「死の谷」が長くて深い）をもちます。この業界特性をしっかりと予想数字と研究開発の内容に反映させ事業計画書によって示すことができない企業は、開発途中で資金難を起こして会社が継続できなくなります。当社は、事業計画書をしっかりと作成し、それを株主に納得してもらったからこそ、赤字が続

いているにもかかわらず順調に資金調達が可能となり、また、開発も着実に進めることができたといえるでしょう（図表3-2）。

1 イノベーションとは？

　イノベーションとは、単に「技術革新」と訳されることが多いのですが、技術革新にとどまらず、広く経済活動全般において、新しい方法を取り入れて革新してゆくことといえましょう（経済産業省「イノベーション・スーパーハイウェイ構想」報告書による）。1911年にオーストリア出身の経済学者**ヨーゼフ・シュンペーター**がはじめて提唱した概念です。彼はイノベーションの類型を「新製品の開発」「新生産方式の導入」「新市場の開拓」「原材料の供給源の開拓」「新組織の形成」の5つであるとしています。

　また、①**プロダクト・イノベーション**（製品革新）：新製品の開発によって差別化を実現し、競争優位を達成するタイプと、②**プロセス・イノベーション**（工程管理・製法革新）：製造方法や工程の改良によって費用を削減し競争優位を達成するタイプの2つに分けることもできます。

　シュンペーターはイノベーションは単に新しい技術や手法を表すだけでなく、「新結合」や「新しい切り口」といった、既存の技術や方法の組合せ方を変えることでも生まれることを述べています。

　たとえば、「回転寿司」も新結合の1つです。従来は職人が顧客の注文を聞いてから寿司を握ることが常識でした。そこにベルトコンベアと組み合わされることによって、イノベーションが起きました。

　この「新結合」によって、頼まれてから握るのではなく、先につくっておくこと（新生産方式の導入）が可能になり、また、必要な職人のクオリティや人数が変化（新組織の形成）しました。さらに、通常の寿司屋にくらべて低価格で提供されるため、誰でも気軽に利用できるようになり、これまでの顧客でない人が回転寿司店に来るようになりました（新市場の開拓）。イチゴと大福を合わせたイチゴ大福、うなぎとお茶漬

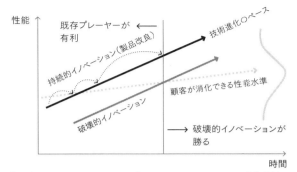

図表3-3　イノベーションのジレンマ

（出所）クレイトン・クリステンセン『イノベーションのジレンマ──技術革新が巨大企業を滅ぼすとき　増補改訂版』より。

けのひつまぶしなどは、身近な新結合の例です。古くはガソリンエンジンの技術と空気力学を応用したライト兄弟の飛行機もそうですし、蒸気機関車なども挙げられます。現代では、カップ麺、温水洗浄便座、デジタルカメラ、宅配便も画期的なイノベーションの実例です。

　一方で、イノベーションについて考えるときに、ハーバード・ビジネス・スクール教授であった**クリステンセン**の『**イノベーションのジレンマ**』は非常に示唆に富む内容です。

　企業活動は改善の積み重ねです。会社は地道な努力を行います。これを「**持続的イノベーション**」と呼びます。図表3-3の左のゾーンであり、既存プレーヤーが有利です。ところが、企業は継続して改善を続けるので、顧客が要求しているレベルを超える性能を提供してしまいます。もちろん非常に要求の高い顧客もいるのですが、大半の顧客がそこまでの性能を要求していないレベル（図表3-3では右のゾーン）にまで行き着いてしまいます。つまり顧客が消化できる性能水準をそうとう超えてしまったということです。

　そこに革新的な技術やサービスの提供の仕組みにおいて、これまでの延長となる改善のラインではなく、非連続的で、断層的であり、まったく新しい価値を生み出す「**破壊的イノベーション**」をもたらす企業が出現すると、これまでtoo muchと思っていた平均的な顧客が一気に乗り

換えることになります。図表3-3では右側が、破壊的なイノベーションが勝るゾーンになります。

このように、これまで市場を支配して常に顧客の声を聞きながら改善を続けてきた大企業が、顧客の求める水準を超えた時点が現れます。そのときを見逃さずに、大企業が油断して、気がついても急にはこれまでの体制を変革できないところにつけ込んで、一気に市場をひっくり返す、という破壊的イノベーションをベンチャー企業や新規事業においてはねらうべきことを示しています。

2 ビジネスアイデアの発見法

（1） ビジネスアイデア4つの起点

個人としてビジネスアイデアを発見するには4つの起点があります（東京大学 i.school 横田幸信氏の考え方を参考にしました）。

① 技術起点

技術起点とは、技術の動向を分析して、その技術を適用できる分野、用途を探す手法です。「シーズ（技術の種）志向」といわれます。主にR&D部門やシンクタンクなどの人の発想法です。

② 市場起点

市場起点とは、市場動向からして将来に必要となるニーズを明確にしてその解決策を探す手法です。「ニーズ（必要性）志向」といわれます。主に企画部や事業開発セクション、戦略コンサルタントなどの発想法です。

③ 社会起点

社会起点とは、社会的問題点を明確にして、その解決策を提示しようとする手法です。②市場起点が個人、企業の個別の問題を対象にするのに対して、③社会起点は国際問題や国家、市民生活の問題を対象としていることが特色です。国際開発・協力関係者やNPO、NGOの人たちの発想法です。

図表3-4　ビジネスアイデア発見の4つの起点

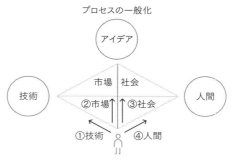

（出所）東京大学 i.school 横田幸信氏講演資料より。

④　人間起点

人間起点とは、「面白い」「かわいい」「素敵」「わくわくする」「驚く」など、人間の感情を中心に発想する手法です。ユーザー調査部門やデザイン志向の製品開発の人たちの発想法です（図表3-4）。

これまでのビジネスアイデア発想法は、上記①から④のどれか1つが中心となる発想起点でしたが、これらを組み合わせることから、新しい発想が生まれやすくなります。

たとえば、①技術起点（機能や形状）と④人間起点（価値提供）を使ってロボット掃除機である**ルンバ**を分析してみましょう（図表3-5）。

ルンバの①技術起点（機能や形状）は「空気を吸う」「ものを感知しながら動き回る」ということです。④人間起点（価値提供）は「床をきれいな状態に保つ」「動き回ってかわいい」「留守でも夜中でも勝手にやってくれてうれしい」などでしょう。この「ものを感知しながら動き回る」と「留守でも夜中でも勝手にやってくれてうれしい」を組み合わせた事業アイデアがないか、と考えてみましょう。その結果、体育館などで自動的に椅子が動いて必要な形に整列するシステムなどのユニークなビジネスアイデアが生まれることになるでしょう。

（2）　ビジネスアイデアを生む手法①：メガトントレンド

革新的でスケールの大きなビジネスアイデアを、効率的に、かつ、確

図表3-5 ロボット掃除機ルンバ

(出所) アイロボットジャパン合同会社 HP (www.irobot-jp.com)。

実に獲得するための手法は、以下のようなものが考えられます。

　第1に、アイデアを生む社会の**メガトントレンド**と自分たちの強みがクロスする事業を探すことです。

　大きなトレンドとしては、精神的安らぎの追求、健康増進意欲の高まり、モバイルアプリおよびテクノロジーサービスの充実、再生医療への関心の高まり、地球環境を考えたエコロジーへの貢献、働き方のダイバーシティ（外国人、高齢者、女性などのワークフォースの多様化）、高齢化社会の進展、貧困層の世界的拡大、ソーシャルビジネスおよびソーシャルキャピタルの誕生などが挙げられます。

　このように20年以上継続するメガトントレンドはほかにどのようなものがあるでしょうか？　いろいろと考えてみてください。

　このようなメガトントレンドに乗るような分野であるとともに、自社の要素技術やサービスの強みが生かせる分野を特定することが必要です。

　そうした分野を見つけるためには、自分の感度センサーの精度を高めることが必要です。つまり、身の回りのビジネスモデルや最先端の技術、潜在的なニーズを知る習慣や機会を意識的につくり出さなければなりません。具体的には、最先端でワクワクする場所に行き、人と会うための時間をつくり出すことが必要です。最初から収益獲得や市場規模を考えると、どうしても現実的なものに収まりがちですが、あったらいいな・ワクワクするという気持ちを優先してビジネスアイデアを考えることが重要でしょう。

(3) ビジネスアイデアを生む手法②：異業種ベンチマーク

第2に**異業種ベンチマーク**を実施することもビジネスアイデアを生む重要な手法です。

顧客に対する洞察を行い、顧客の潜在ニーズに対する仮説を構築できたら、そのニーズをどのようにすれば満たすことができるのか（いわゆるソリューション）を考えなければなりません。その際に留意する必要があるのは、異業種で同じようなニーズを満たしているビジネスアイデアがないかどうか、業種を問わず幅広く情報を収集し、分析することです。同じような顧客の潜在ニーズに対して、別な業界ではそのニーズをすでに満たしているという事例は頻繁にあるからです。

たとえば、行ったことのない飲食店の味やサービスに対する情報が欲しいという顧客のニーズを満たしている「**食べログ**」のビジネスアイデアをウェディング業界に持ち込んだ「みんなのウェディング」はその典型的な例です。独自のまったく新しいアイデアに固執するのではなく、すでに成功している製品やサービスを応用して、いまの顧客の潜在ニーズを満たすことができないかを検討するのが肝要です。

最初からスケールの大きな、イノベーティブなビジネスアイデアが思いつくものではありません。その意味で異業種の成功事例をじっくり分析し、それを「真似る」ところから出発することも有効です。「**守破離**」という言葉があります。日本の茶道・武道などの修業における段階を示したもので、まず「守」は、師や流派の教え、型、技を忠実に守り、確実に身につける段階です。ビジネスアイデアの創出の理論を忠実に守って基本的な構想を練ることです。次の「破」は、ほかの師や流派の教えについても考え、良いものを取り入れ、心技を発展させる段階です。異業種ベンチマークを行い優れたビジネスアイデア、ビジネスモデルを自分の業界に応用することといえるでしょう。最後の「離」は、1つの流儀から離れ、独自の新しいものを生み出し確立させる段階です。ビジネスアイデアに独創性やオリジナリティを付け加えて完成させることです。この「守破離」の段階を踏むことは非常に大切なことです。

図表3-6　ビジネスアイデア調達を向上させる工夫

・5年先のビジョンをもつ。	・クリエイティブな人と付き合う。
・ディスカッションパートナーをもつ。	・やる前から「できない」と考えない。
・リスクを恐れない。	・自由に発想する。
・感度を高める。	・日常のなかで、必ず1人だけの時間をつくる。
・いろいろなことに興味、関心をもつ。	・その時間は必ず仕事から離れた時間にする。
・右脳を鍛える。	・会議室からスケールの大きなビジネスアイデアは出てこない！
・「なぜ」を3回繰り返す。	
・限界を設定しない。	・定期的に散歩をする。
・好きなことをとことん追究する。	・ゆっくりと風呂に入る。ここでもリラックスする。
・あったらいいな、を常に考える。	・旅に出る。
・全体俯瞰の目線を意識する。	

（出所）筆者作成。

（4）　ビジネスアイデアを生む手法③：日頃の生活を見直す

　ビジネスアイデアを生み出しやすくするためには、日頃の生活から見直す必要があります。図表3-6には、日頃、気をつけるといい項目を並べました。優れたビジネスアイデアを生み出すためには日頃の努力が肝心です。

（5）　ビジネスアイデアを生む手法④：社会への付加価値を考える

　これについては、ヤマト運輸2代目社長の故小倉昌男氏の考え方が参考になります。小倉氏によれば、良い商品・サービス／革新的なビジネスアイデアは、お客様の声、社員の提案を直接聞き、アドバイスしてもらう機会を多くもつことで仮説を立て、それを素早く実践して修正することであるといいます。そのなかでは「世のため、人のためになっているか」「オンリーワンか」「利益の先取りはしていないか」という3つの考え方を常にもって事業創造に当たっていたそうです。これを実践するために、①サービスが先、利益が後、②お客様の立場で徹底的に考える、③5分で考えて即実行し、即修正する、④強みを徹底的に考える、⑤マーケティングミックスのバランスを考える、という5つに分解すると理解しやすいでしょう。

　ビジネスアイデアの獲得方法としては、発想法の分類やビジネスモデルデザインの分析手法、ビジネストレンドの素早い獲得などが最近は話

題にのぼっています。しかし、小倉昌男氏の基本的な考え方のように、社会に対してどのような付加価値を提供するか、というソーシャルな考え方を重視する原点に立ち返るべきと強く考えます。

3 リーン・スタートアップ（ボーングローバル）

エリック・リースが著書で提唱した「**リーン・スタートアップ**」に代表されるように、あれこれと考えるよりもさっさと始めてしまい走りながら考えるべきだ、事業を開始する前にビジネスプランを作成するのは旧来のやり方だ、という乱暴な考え方も出てきています。米国の「**Yコンビネータ**」や「**500 Startups**」などのインキュベーション組織も、強烈な競争とスピードを入居する企業に強要しながらビジネスアイデアを固めていくやり方です。インキュベーションとは、設立して間もない新企業に、国や自治体などが経営技術・資金・人材などを提供して育成することをいいます。

筆者も、研究や分析、評論ばかりして実行しないのは問題であると思いますが、さりとて走りながら、つまずきつつ考えるのも効率が悪いと思います。むしろ、顧客のニーズやそれに応える付加価値の提供の仕方についての仮説を素早く立案し、それを小さく実行することで検証し、素早く修正するという、回転率を超高速にすることが近道だと考えます。

> Column　あなたの周りで最も困っている人を探せ
>
> 　人々が不満に感じること（**カスタマーペイン**）にはスケールの大きなビジネスチャンスがあります。なぜペインを感じたかをよく分析し、それを解消するにはどうすればよいかを考えることです。そのためには、より多くの人のペインを探り、いままでになかった方法でそのペインを解決するようなアイデアがないかを熟考する必要があります。居酒屋に行って飲んでいるときにも、起業家は周りの人の会話に気を配り、悩みごとや困りごとについて話していないか、聞きながら飲む

図表3-7 Uber

（出所）＠AFP PHOTO/ANDREW CABALLERO-REYNOLDS.

べきでしょう。

とくに顧客の潜在ニーズに対する仮説構築をすることも大切です。顕在的なニーズはすでに明らかであるため、それは既存製品の改良等の連続的な改善努力でニーズを満たしていくことができます。しかしそれにのみ着目していたのでは、非連続的なビジネスアイデアを生み出すことはできません。顧客が本当に何を望んでいるのか、何が表に表れてきていないのかなど、顧客に対する深い洞察をし、仮説を構築する必要があります。

たとえば、米国 Uber がスタートしたきっかけは、創業者がタクシーを探すのに時間がかかりすぎると痛感したことです。その最初のペインを発見した後に、そこにグローバル規模、たとえば最低でも同じペインを10カ国以上で感じている人がいるかどうか、などの条件をつけて検証することが必要となります。そのような種を探せれば、世界的に大きくなるビジネスを展開できることでしょう。

> **まとめ**
>
> 1. イノベーションを起こすようなビジネスアイデアを発見することが大切です。
> 2. ビジネスアイデアを発見するには、①メガトレンドを組み合わせる、②異業種ベンチマークを行う、③日頃の生活を見直す、④社会への付加価値を考える、などが重要です。

事前課題

1. これまでのスケールの大きいイノベーションの事例として、どのようなものが挙げられるでしょうか？ 最低３つは出してみましょう。それを名前とともに絵で描いてみてください。
2. 「回転寿司」の事例を参考にして、あなたも「新結合」となるようなイノベーティブな商品・サービスを２つ、考え出してみてください。
3. ビジネスアイデアを生む４つの手法のどれかを使って、新しいビジネスアイデアを２つ考えてください。

さらに深く学びたい人のための文献案内

横田幸信『INNOVATION PATH──成果を出すイノベーション・プロジェクトの進め方』日経BP社、2016年。
　東京大学i.schoolで行っているアイデア創造の手法などが詳しく述べられている。

J・A・シュンペーター『企業家とは何か』清成忠男編訳、東洋経済新報社、1998年。

ピーター・ドラッカー『マネジメント──基本と原則［エッセンシャル版］』上田惇生編訳、ダイヤモンド社、2001年。

クレイトン・クリステンセン『イノベーションのジレンマ──技術革新が巨大企業を滅ぼすとき　増補改訂版』玉田俊平太監修、伊豆原弓訳、翔泳社、2001年。

高橋徳行『起業学の基礎──アントレプレナーシップとは何か』勁草書房、2005年。
　ベンチャー企業の全体像の理解に最適。ビジネスアイデアの評価、ポジショニングまでの詳細な解説がある。

C・クリステンセン／J・ダイアー／H・グレガーセン『イノベーションのDNA──破壊的イノベータの5つのスキル』櫻井祐子訳、翔泳社、2012年。
　イノベーションを起こす個人や組織を伸ばすための論理を説明した優れた手引書。ビジネスアイデアを考える人には最適な一冊である。

エリック・リース『リーン・スタートアップ──ムダのない起業プロセスでイノベーションを生みだす』井口耕二訳、日経BP社、2012年。
　まずは素早く市場にサービスを出し、顧客から学びながら修正を加えてゆく「構築−計測−学習」というフィードバックループを素早く回すことが大切と説く。

CHAPTER 4

仮説の検証とは何か？

ケース **WHILL**

> WHILL 株式会社
> 代　　表：CEO　杉江 理（すぎえ さとし）
> 日本本社：神奈川県横浜市
> 設　　立：2012 年 5 月
> 従業員数：約 50 人（日本・米国・台湾、2017 年 1 月）

　WHILL（ウィル）株式会社は、足の不自由な方が、格好良くスマートに外出でき、健常者も乗りたくなるようなモビリティを開発するベンチャー企業です。その初期モデルである Type-A は 50 台の先行予約販売を 2014 年に開始し、好調に売れています。米国で現代の 10 大イノベーションとして、Google の自動運転自動車とともに選ばれるなど、大きな話題を獲得しています。近いうちに年間数千台の販売も計画されており、昨今のベンチャー企業は IT サービス形態が多く、ものづくりベンチャー企業が少ないなかの先駆的事例として、学ぶべき点は多いでしょう（図表 4-1）。

　この WHILL の製品開発・販売過程においては特筆すべきことが 3 点あります。

　第 1 は創業者チームの強い理念です。開発のきっかけとなった 1 人の車いすユーザーの「100m 先のコンビニに行くのをあきらめる」という声を解決したいという情熱のもとに、チームが結成されました。出身

図表 4-1 WHILL

(出所) WHILL 株式会社 HP (www.whill.jp)。

は日産自動車、ソニー、オリンパス、関東自動車などのエンジニア、デザイナーたちと多様ですが、現在では「パーソナルモビリティにイノベーションを起こしたい」という経営理念のもとにまとめられています。大手メーカー勤務などの経験を通じて世の中の仕組みや常識を理解し、それを踏まえたうえで事業戦略を策定できること、数人の技術者などで小さなチームを形成し、小回りの利く体制で迅速に行動すること（そのため枠にとらわれない考え方や行動力を備えていること）、日本をものづくりで復興させたいという情熱があること、などがチームのメンバーの共通項として挙げられます。この強い情熱と確固たる経営理念が、困難を打ち破る原動力になっています。

　第2はユーザーの声を徹底的に取り入れて PDCA サイクル（第1節を参照）を高速に回していることです。いわゆる「リーン・スタートアップ」（第3章参照）を実践しています。東京モーターショーでプロトタイプを発表した後、電動車いすユーザーが多い米国カリフォルニアに拠点を移し、デザインから機能までを徹底的に見直しました。とかく技術者集団のベンチャー企業は、先端的な技術を取り入れることに注力し、まったく売れない製品をつくりがちです。当社は初期の段階からベンチャーキャピタルの伊藤忠テクノロジーベンチャーズが出資するだけでなく経営指導を行っており、マーケット志向の製品とするための

PDCAサイクルを回すことの重要性を強調したことが奏功しています。

　実際、米国で300人を超えるユーザーの声を集め、日本での初号機から米国での実売機へわずか6カ月で大幅な変更を実現しています。具体的には、①四輪駆動としたこと。とくに前輪は24個の小さなタイヤから成り立っており、室内での移動を容易にする小さな回転半径と砂利道や雪道などの悪路を容易に走行できる走破性を備えることにしました。②製品をコンパクトにしたこと。幅は従来の67cmから60cmへ、長さも従来の105cmから82.5cmへ短縮しましたが、これは米国のバンタイプの車両での移動を考慮したサイズです。③コントローラーを、従来の前方を覆うハンドル型から前方を開放し、パソコンのマウスのようになめらかに直感的に操作することができるレバー型にしたことです。日本での初号機の形状は開発者たちが最もこだわっていた部分でもあり、それをユーザーの声に基づき変更することはたいへんでしたが、PDCAサイクルを実践したことがユーザーに非常に評価されている点です。

　第3には、ウェブマーケティングやソーシャルメディアを徹底的に活用していることです。競合先である会社規模の大きい米インバケア社やプライド社はほとんどウェブマーケティングを行っていないような古い業界です。これは米国FDAの承認を得られなければ販売できず、かつ、医療・福祉機器としての色彩が強い特殊な業界であるためです。

　後発の当社としてはユーザーの声や開発のストーリーなどがわかりやすく伝わるように動画を多用し、またブログやFacebookで毎日、情報発信することでファンが自動的に拡散することを初期の段階から企画しています。このような特殊な製品でありながらもFacebookの「いいね！」はすでに6000人を超えています。

　日本の製造業はこれまで、大手メーカーが大量生産を見込める大市場に向けて製品を全世界に供給するモデルであったのに対し、当社やテラモーターズ、UEI、バルミューダなどの最近のものづくりベンチャーは、少量・中量生産の市場に向けて高付加価値の製品を迅速に投入することを強みとしており、今後の方向性となるでしょう。

1 仮説検証・修正（PDCAサイクル）とは？

　PDCAサイクルとは、事業活動における生産管理や品質管理などの管理業務を円滑に進める手法の1つです。Plan（計画）－Do（実行）－Check（評価）－Act（改善）の4段階を繰り返すことによって、業務を継続的に改善していく手法です。ウォルター・シューハートやエドワーズ・デミングらが提唱したため、シューハート・サイクルや**デミング・サイクル**とも呼ばれます（図表4-2）。

　これをベンチャー企業や新規事業の創出に応用したものが仮説の立案（Plan）－実行（Do）－仮説の検証（Check）－仮説の修正（Act）です。仮説とは物事に対する仮の答えです。たとえば「この商品はこうすれば売れるだろう」とか「これをすることにより、こんな効果があるに違いない」ということが仮説です。これまでに前例のない商品・サービスを提供することが多いベンチャー企業・新規事業の創造においては、行うことすべてが仮説の塊です。その場合にはすべての事実が判明する前でも仮説を立ててそれを小さくても実験し検証して、その修正を行うことが必要となるでしょう。

　たとえるならば、霧が濃い早朝に数百メートル離れた的に矢を当てるということです。既存の大企業であればお昼頃に霧がすべて晴れて的が完全に見えるようになってから矢を放つことでしょう。そのほうが真ん中に当たる確率が高く、無駄な矢を放たなくてもいいからです。一方で、ベンチャー企業が大企業と同じようにお昼になってから矢を放ったのでは、経験もなければ弓矢もみすぼらしいものだけに大企業には勝てません。さりとて早朝にでたらめに矢を放っても、真ん中に当たるのは偶然に過ぎず、運まかせです。どうしたらいいでしょうか？

　まずはいくつかの仮説（たとえば、的はこの方向のこの位置にあるはずだ、晴れた日の画像からAIでシミュレートすれば当たるはずだ、的の真後ろで鈴を鳴らせばいいはずだ、レーザー光線を使えばいいはずだ、などの仮の考え）を立てることです。その仮説ごとに矢を数本放ってみて、その仮説と結果を検証して再度、新たな仮説を立てることに

図表4-2 PDCAサイクル

（出所）筆者作成。

よって、最後には霧のなかでも相当な確率で矢が的の真ん中に当たるようになることでしょう。これがベンチャー企業・新規事業の創造における、仮説の立案（Plan）－実行（Do）－仮説の検証（Check）－仮説の修正（Act）です。くれぐれも、的に当てるために試行錯誤を繰り返し、ようやく当たるような手法が見つかったときにはお昼になっていて、霧が晴れてしまっていた、ということがないことを祈ります。

2 成長軌道に乗せる

ビジネスプランができ上がって会社または新規事業チームをスタートさせた後は、いかに素早く成長軌道に乗せ、最初の成長上の分岐点（**マイルストーン**）を素早く越えるかが重要です。カーレースと同様に、スタートダッシュをかけ、会社に勢いをつけることがまずは第1関門です。筆者の経験でも、スタートアップ段階で勢いのある会社は、設立後の資金調達でも非常にうまくいくのに対して、ゆっくりと徐々に立ち上がる会社は、本当に実力がついて、有望な顧客が確定的な発注を出すまで、しばらく資金調達できないまま苦しむこととなります。

それではどのようにしたらロケットスタートを切り、順調に成長軌道に乗せることができるでしょうか？

そのポイントは以下の4点です。

第1は、短期目標でまずは勝つことです。

勢いをつかせるためには組織に「目標を達成したときの喜び」や「勝

ち癖」をつけることです。そのためには、最初のマイルストーン（プロジェクト管理におけるステップの目安とされる節目）を、小さめで比較的短期間で達成できるような目標に設定することです。できれば2〜3カ月後に達成できるような目標を立て、それを達成したことが数値などで明確にわかることが望ましいでしょう。そのためにはすべての顧客を対象にすることなく、顧客を絞り込むことが重要です。もちろん、努力しないと達成できない目標である必要がありますが、それを達成することで、社内が勢いづくとともに、外部のエンジェル投資家（創業間もない企業に対し資金を供給する裕福な個人）や投資候補、取引をしようかと検討している企業などへ好印象を与えます。有機・無添加食品の通信販売を行うオイシックスは創業当初、商社である双日の新規事業部門から出資を受け業務提携することで、農家からの信頼の確保と品揃えを豊富にすることができ、ロケットスタートを切ることができました。

　第2は社員の無気力と抵抗を克服し、戦略への熱意と十分な参加意欲を生み出すことです。

　社員のなかには、新規企業または大企業の新規事業に不本意ながら参加することになった社員も含まれます。また、何かにつけて保守的な考え方、否定的な考え方をする社員も多いものです。そのような人々の態度がスタートアップ段階の企業風土になってしまうとスタートダッシュができなくなります。起業家は経営理念について熱意をもって繰り返し社員に語るとともに、戦略の実行を強力に自ら率先垂範していくべきです。その際に、社員のなかで、情熱がありスタートダッシュが切れそうな者を選び、その社員たちに勢いをつけさせて実績が上がるように仕向けることも重要です。

　第3は環境の変化にうまく適応するように微調整、変更していくことです。

　会社を創業して、早い段階で潜在顧客との対話を開始し、顧客の声を踏まえてビジネスプランを2〜3カ月後に見直すことです。創業後2〜3カ月は、未だ事業がスタートしたばかりで見直しをする段階でない、開発の仕方や販売・マーケティングの仕組みの構築に着手したばか

りで、当初に立てたビジネスプランを徹底的に実行するべきだ、との意見もあります。事前に相当な準備をして作成したビジネスプランを短期間でコロコロと変更すべきでない、という意見です。しかし、筆者の経験では、想定していたビジネスプランはあくまで想定（あるいは事前ヒアリング）にすぎず、実際に会社を創業した後に、潜在顧客と接した感触を大切にして、できるだけ早期に事前の想定が正しかったかどうかを見直し、微調整、変更していくことが大切です。スタートダッシュをうまく切る経営者はこのような微調整、変更が非常に上手なものです。

　最後に、組織外部の人間を大きな考えに夢中にさせること、「アッ！」といわせることです。スタートダッシュが上手な経営者は、組織外部の人間をうまく巻き込み、その外部の経営資源や信頼を自分のもののように使いこなすことができる人なのです。当然のこととして、創業したばかりの企業は、ヒト、モノ、カネ、情報、信頼という経営資源が非常に乏しいですが、その不足分を、組織外部の有力者、有力企業と連携することでうまく補完しているのです。いい意味の「ジジゴロシ」であるべきです。

> Column　1回目のビジネスアイデアを発表しよう――エレベータピッチ
>
> 　4回目の本授業で、各グループのビジネスアイデアを発表しましょう。この段階ではビジネスプラン（詳細な行動計画）である必要はなく、簡単なビジネスアイデアでかまいません。最低でもチーム名、経営理念、行おうとするビジネスの概要は入れてください。今回は各グループとも2分程度で発表してもらいます。パワーポイントやワードを使ってもいいですし、資料なしの演説だけでもかまいません。これまで授業で学んだことに留意して、みなさんが伝えたいことをしっかりと伝えてください。
>
> 　短時間でビジネスアイデアを発表することを**エレベータピッチ**といいます。これは米国のシリコンバレーや大学などで頻繁に使われる手法です。語源はエレベータに乗っている15秒から2分の間に自分のビ

ジネスアイデアを投資家や経営者に説明して、ビジネスチャンスをつかむテクニックです。上司へのアピールや自己紹介にも有効であるとして注目されています。

　みなさんはたった15秒、あるいは2分では話せない、と思うでしょうか？　当然、いきなり話すのではとても思っていることを伝えられません。しかし、逆にこれだけ短い時間しかないと、重要なこと、どうしても伝えたいことを結論だけ話すことになります。練習すれば十分にいいたいことは伝えられます。今回は15秒ではなく、2分の発表とします。先生はタイマーで厳密に時間を計り、2分でベルを鳴らして途中でも強制的に発表をストップさせてください。

　発表するコツは、以下の文章を完成させることです。

　「私は（a　このような顧客）の（b　課題・悩みの具体的内容）という悩みを（c　このような技術やシステム、仕組み）で解決する（d　会社名または製品名）を提案します」。

　たとえば、「エコオロギ」の事業であれば以下のようになります（第14章参照）。

　「私は（a　世界中の魚の養殖業者）の（b　エサとして使われる魚粉の値段が高騰して経営を圧迫している）という悩みを（c　コオロギを養殖し、それを粉末、ペレットにして供給するシステムを構築すること）で解決する（d　エコオロギ）を提案します」。

　これだけならばゆっくりしゃべっても1分で十分に話せますね。さらに、効果として「このエコオロギを世界中に広めることで、深刻な食糧不足に見舞われる社会における漁業関係者の活躍をサポートしていきたいと考えます」などと理念を加えれば導入としては十分でしょう。

> **まとめ**
>
> 1. これまでに前例のない商品・サービスを提供することが多いベンチャー企業・新規事業の創造においては、行うことすべてが仮説の塊です。仮説を立てて小さくてもそれを実験により検証して、その修正を行うことが必要となります。
> 2. ビジネスプランができ上がって、会社または新規事業チームをスタートさせた後、いかに素早く成長軌道に乗せ、最初の成長上の分岐点（マイルストーン）を素早く越えるかが重要です。

事前課題

1. WHILL社の事例を読んで、この新商品が開発できた要因が何であったか、記述されていることだけでなく、されていないことも想像して書いてください。
2. 4回目の授業の今回、各グループでビジネスアイデアを発表しましょう。この段階ではビジネスプラン（詳細な行動計画）である必要はなく、簡単なビジネスアイデアでかまいません。最低でもチーム名、経営理念、行おうとするビジネスの概要は入れてください。今回は各グループ2分程度で発表してもらいます。パワーポイントやワードを使ってもいいですし、資料はなしで演説だけでもかまいません。これまで授業で学んだことに留意して、みなさんが伝えたいことをしっかりと伝えてください。

さらに深く学びたい人のための文献案内

ジェフリー・A・ティモンズ『ベンチャー創造の理論と戦略——起業機会探索から資金調達までの実践的方法論』千本倖生・金井信次訳、ダイヤモンド社、1997年。
　　米国ビジネススクールでのテキスト。ベンチャー企業の起業から成長までの過程を理論的・体系的に詳説している上級者向け書籍。

大江建『なぜ新規事業は成功しないのか──「仮説のマネジメント」の理論と実践　第 3 版』日本経済新聞出版社、2008 年。
　　企業の新規事業の推進に必要な考え方とツールをまとめた本。PDCA サイクルの重要性を述べている。
エリック・リース『リーン・スタートアップ──ムダのない起業プロセスでイノベーションを生みだす』井口耕二訳、日経 BP 社、2012 年。
　　米国でのリーン・スタートアップの実例や PDCA について詳しい説明がされている。

PART 2　起業のプロセス
——うまくいく組織をどのように効率的につくるか？

CHAPTER 5

ビジネスモデルを
どのように創出するのか？

ケース　**アスクル**

> アスクル株式会社
> 代　　表：代表取締役社長 兼 CEO
> 　　　　　岩田 彰一郎（いわた しょういちろう）
> 本　　社：東京都江東区
> 設　　立：1963 年 11 月
> 創　　業：1993 年 3 月
> 上　　場：2000 年 11 月（JASDAQ）
> 　　　　　2004 年 4 月（東京証券取引所第一部に市場変更）
> 従業員数：2968 人（連結、2017 年 5 月）
> 売 上 高：3359 億円（2017 年 5 月期）
> 経常利益：88 億円（2017 年 5 月期）

　アスクル株式会社は事務用品を中心とする通信販売会社です。2017 年 5 月期の連結売上高は 3359 億円、経常利益は 88 億円の東証 1 部上場会社です。現在の筆頭株主はヤフーですが、1993 年に事務機器メーカーであるプラス株式会社のなかでアスクル事業部として開始、1997 年からアスクル株式会社としてインターネットを利用した受注を開始しています。

図表5-1 アスクルのカタログ

(出所) アスクル株式会社HP (www.askul.co.jp)。

　当時の事務用品業界はコクヨがチャネルを支配しており、業界2位のプラスはなかなか打開策を打ち出せずにいました。そのなかでライオンから途中入社した岩田彰一郎・現アスクル社長らが「**ダイレクトモデル**」というビジネスモデルを構築します。これは従来、代理店などを通じて販売されていた製品・商品を自社が直接最終消費者に販売するもので、既存事業者がチャネルを支配してしまっている市場に参入するときに効果的なビジネスモデルです。プラスは、コクヨによるチャネル支配を、アスクルというダイレクトモデルを考案・実施することによって打破することに成功しました (図表5-1)。

　従来はチャネルを介することなく最終顧客に販売することは困難でしたが、インターネットの登場とウェブEC技術の発達、コールセンター技術や決済サービスの進展によって「ダイレクトモデル」が可能になりました。このような科学技術や社会インフラの進展を見逃さず、閉塞する業界にイノベーションを起こすことを企画構想するのが、ビジネスモデル構築の醍醐味です。

　アスクルでは、中間マージンやリベートが不要になるため、大胆な値

図表5-2 アスクル（ダイレクトモデル）のビジネスモデルキャンバス

名称	ダイレクト
本質	業界標準になっているチャネルをスキップして、最終顧客にダイレクトに販売する。中間マージンがない分の値引き、顧客情報管理（CRM）、ロングテールへの対応が可能である。
メリット・デメリット	メリット：既存業者はこれまでのチャネルに対する配慮から容易に参入できない。顧客プロファイリングが可能。 デメリット：既存チャネルからの反発。価格感応度の強い顧客である可能性が高く、価格と性能だけの勝負になりがち。
事例	アスクル、オイシックスドット大地、ソニー生命、アフラック

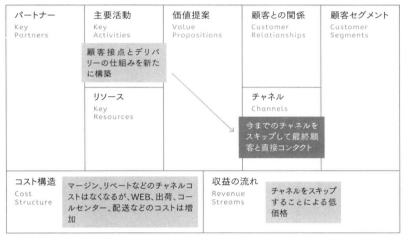

（出所）今枝昌宏『ビジネスモデルの教科書』より筆者作成。

引き販売が可能になります。個々の購買者の購入履歴を直接収集することが可能ですので、顧客のコミュニティをつくったり、今後のプロモーションや製品開発に役立てることもできます。さらに通常店舗のような空間的な制約をもたず、物流センターから直接配送するので、1個2個という少量注文にも応じられますし、多くの品目を取り扱うことも可能となりました。チャネルを支配している既存事業者であるコクヨは、過去に世話になったチャネルに対する配慮からダイレクトモデルを容易には採用できません。もちろんアスクルもプラスの既存チャネルには十分な配慮をしていますが、コクヨがカウネットという名前で追随するまでの時間を十分に活用して優位性を構築しました。つまり、「ダイレクト

モデル」は既存業者のいままでの強みを逆手にとったビジネスモデルであり、新規参入者には適したビジネスモデルといえましょう（今枝昌宏『ビジネスモデルの教科書』参照）（図表 5-2）。

1 ビジネスモデルとは？

ビジネスモデルとは、すでに本書で何度か出てきた言葉ですが、ここで改めて考えてみると、どのような事業活動をしているか、あるいは構想するかを表現する事業構造のモデルのことをいいます（根来龍之『プラットフォームビジネス最前線』の定義による）。とくに、消費者と企業間の連絡手段としてインターネットなどの新たな情報技術を活用し、製品やサービスの選択と購買（調達）、決済、配送（物流）までの一連の商行為を整理してシステム化し、収益性を高めた新規性のある事業形態が登場したことで注目される言葉となりました。このビジネスモデルは、会社全体を対象にする「コーポレートレベル」と、1つの事業、部門を対象にした「事業レベル」の2つに分けられます。ベンチャー企業においては「コーポレートレベル」のビジネスモデルが重要で、大企業の新規事業においては「事業レベル」のビジネスモデルが焦点となります。競争戦略や事業戦略についていくら学んでも、そもそもの事業構造のモデルがひどすぎる場合には有効とはならないでしょう。たとえるなら、繁盛する寿司屋を創業するに際して、腕のいい板前さんを雇うとか幻の日本酒を取り揃えるなど（How）も大切ですが、どのようなお客様にどのような価値を提供して喜んでもらうか、その価値を提供し続けるための仕組み（What）を設計することのほうが大切です。

このビジネスモデルの特徴を理解したり、比較検討を容易にするためには「**ビジネスモデルキャンバス**」を書くことが効果的です。ビジネスモデルキャンバスとは、アレックス・オスターワルダーとイヴ・ピニュールが『ビジネスモデル・ジェネレーション』で提唱した概念です。

このなかでは、「価値提案」「顧客セグメント」「顧客との関係」「チャ

図表5-3　ビジネスモデルキャンバス

KP パートナー Key Partners	KA 主要活動 Key Activities	VP 価値提案 Value Propositions	CR 顧客との関係 Customer Relationships	CS 顧客セグメント Customer Segments
	KR リソース Key Resources		CH チャネル Channels	
C$ コスト構造 Cost Structure			R$ 収益の流れ Revenue Streams	

（出所）アレックス・オスターワルダー、イヴ・ピニュール『ビジネスモデル・ジェネレーション』より。

ネル」「パートナー」「主要活動」「リソース」「コスト構造」「収益の流れ」の９つを明確にすることが大切です（図表 5-3）。

　たとえば、定期購入のビジネスモデルがあります。最近ではShoe Dazzle（靴）、BIRCHBOX（化粧品）、Craft Coffee（コーヒー）、オイシックスドット大地（体にいい野菜）、ラクサス・テクノロジーズ（高級バッグ）などが注目を集めています。これらのビジネスモデルもビジネスモデルキャンバスを作成すると非常によく理解できます（図表 5-4）。

　このビジネスモデルの本質は、毎月一定額で商品BOXを顧客に直接届けることで、安定した売り上げを獲得できることです。したがって、最も大切な要素は **Customer Relationships（顧客との関係）** の欄に記載した「毎月BOXを送ることで継続関係を構築すること」であり、網かけをしてあります。

　それを実現するための **Value Propositions（価値提案）** は、商品選択の迷いを解消すること、プロとして商品の価格や品質を吟味して目利きをすること、良いものを比較検討して注文するのが面倒ということを解消してあげること、毎月届くのが楽しくワクワクすること、などを記入します。そのためには **Key Resources（リソース）** として顧客を飽きさせない商品提供力が必要となります。また、これらの結果として企

図表5-4 定期購入ビジネスのビジネスモデルキャンバス

名称	定期購入
本質	毎月一定額で商品BOXを顧客に直接届けることで、安定した売り上げを獲得できる
メリット・デメリット	メリット：顧客獲得コストが低減できる デメリット：飽きられて定期購入を停止されやすい
事例	ShoeDazzle、BIRCHBOX、JewelMint、Craft Coffee、オイシックスドット大地、ラクサス・テクノロジーズ

パートナー Key Partners	主要活動 Key Activities	価値提案 Value Propositions	顧客との関係 Customer Relationships	顧客セグメント Customer Segments
		商品選択の迷い、目利き能力不足の代替、「面倒くさい」の解消、ワクワクする	毎月BOXを送ることで継続関係構築	
	リソース Key Resources		チャネル Channels	
	飽きさせない商品提供力			

コスト構造 Cost Structure	収益の流れ Revenue Streams
マーケティングコスト、@顧客獲得コストの低減	

（出所）今枝昌宏『ビジネスモデルの教科書』より筆者作成。

業の **Cost Structure（コスト構造）** は、マーケティングコスト、ひとり当たり顧客獲得コストなどを低減できるメリットが発生することがわかります。

このようにビジネスモデルキャンバスを書くことで、ビジネスプランの強みや差別化、その効果、さらにはデメリット（飽きさせない商品提供力がないと、継続購入を停止されたり、他社に乗り換えられてしまう懸念があること等）などが一覧性をもって理解することができるのです。またベンチャー企業や新規事業の構想にも役立ちます。提供価値である、商品選択の迷いの解消、商品の価格や品質の目利き、面倒くささの解消、毎月のワクワク感のお届け、が実現できる商品分野にはほかにどのようなものがあるでしょうか？　単純に考えれば、商品の種類やト

レンドが多くて選択がむずかしく、かつ、現在のネットショッピングが楽しくない分野を探せばいいということです。

2 多様なチームで考える・危機感の醸成

　スケールの大きなモデルの創出には、個人の力にのみ依拠するのではなく、多様性を生かしてチームでのぞむと成功確率が高まります。年齢、性別、国籍、文化、職務経験、育ってきた環境など、多様なメンバーが集まって意見を出し合うことでいままで考えつかなかったようなモデルの組合せが生まれ、それが新しいビジネスモデルとなります。非連続的なビジネスモデルを創出するには、新しい血を強制的に入れることも重要です。たとえば、5人のプロジェクトメンバーで進めていた場合、2人は必ず新規メンバーに入れ替えを行うことなどが考えられます。新メンバーが1人だけの入れ替えの場合、孤立する危険性もあるので、2人以上が妥当です。こうすることにより、いままでのビジネスモデルの反省を客観的に行え、かつ新しいモデルも創出しやすいと考えます。常に自由に人が出入りして知の交流を行いつつ、1つのビジョンに向かうチームワーク、人のつながりこそが、スケールの大きなビジネスモデル創出に重要であると実感しています。

　そして最後にはビジョンの共有・健全な危機感の醸成を心がけることです。

　ビジネスモデルのスケールを決めるのは、その会社（あるいは社長）の掲げるビジョン（経営理念）であるといっても過言ではありません。**JINS**（株式会社ジンズ）の田中仁社長がメガネ業界に大きな革新をもたらし、業界構造やパワーバランスを大きく変え、さらなる躍進を続ける理由の1つは、田中社長が描く「世界一の小売」になりたいという夢、希望であり、会社の掲げる「Magnify Life」「Progressive, Inspiring, Honest」というビジョンに照らし合わせて社員が行動していることによると考えられます。もし国内でのメガネ小売No. 1を目指すという目標を掲げていたら、ウェアラブル商品の開発は実現してい

図表5-5　JINSのMagnify Life

Magnify Life

いつもと世界が違って見える。
JINSは、そんなきっかけを人々に提供したいと願う。
人々の生き方そのものを豊かに広げ、
これまでにない体験へと導きたい。
だからこそ、私たちはメガネのその先について考え抜き、
「あたらしい、あたりまえ」を創り、まだ見ぬ世界を拓いていく。
—to Magnify Life

（出所）株式会社ジンズ HP（www.jin-co.com）。

なかったかもしれません（図表5-5）。

　また、危機感を常に社内につくり出すことも大切です。社長が新規事業を生まないと会社は危機的な状態になるという空気を醸成することです。10年後、20年後に主流となるであろう新しい技術・サービスや異業種のライバル企業の存在を具体的に示し、全社的な危機意識の啓発に努め、真剣に、新たな技術・サービスの検討を行わせる必要があります。

> **Column　将棋や囲碁は先の読みが大切**
>
> 　将棋や囲碁の世界で人工知能（AI）がプロ棋士を破ったことが大きな話題を集めていました。1997年にチェスの世界チャンピオンを破ったのがIBM、2013年に将棋のプロ棋士を破ったのが日本のHEROZ、2016年に囲碁のプロ棋士を破ったのがGoogle傘下の企業であったことが、その当時の最先端技術の会社であることを示しており興味深いです。
>
> 　AIはこれまでコンピュータの計算性能の向上を生かした「力業」で先を読む方法が使われてきました。ある局面から最後までの可能性を計算し、勝率が高い手を選びます。しかし、その手順はチェスで10^{120}、将棋で10^{220}に対して、囲碁は10^{320}と膨大で、

局面局面で変化することで計算が追いつきませんので、これまでAIはプロ棋士に勝てませんでした。その後、コンピュータがデータから自分で学習する機械学習と深層学習（**ディープラーニング**）という分野の研究が進んでから、一気に強くなりました。画像認識の技術も併用しました。

　囲碁や将棋ほどの先読みでないとしても、ビジネスの世界でも先読みは必要です。とくに革新的なビジネスモデルであればあるほど周りの取引先や従業員に本当に理解してもらえない、大きな抵抗や反対に遭う、競争相手が似たようなサービスを開始してそちらに顧客がとられてしまう、などの事象は起きるものです。ベンチャー企業や新規事業こそスタートダッシュが必要なのに、スロースタートを切らざるをえず、そうこうしている間に大きな資金と組織をもった会社がすごいスピードで追い越してゆく、ということはありえます。そのようなことがないように、ビジネスを始める前に十分に先読みをすると同時に、開始した後も変化する情勢ごとに、その後の打ち手を先読みすることが求められます。

まとめ

1. ビジネスモデルとは、どのような事業活動をしているか、あるいは構想するかを表現する事業構造のモデルのことをいいます。このビジネスモデルの特徴を理解したり、比較検討を容易にするためには「ビジネスモデルキャンバス」を書くことが大切です。
2. このなかでは、「価値提案」「顧客セグメント」「顧客との関係」「チャネル」「パートナー」「主要活動」「リソース」「コスト構造」「収益の流れ」の9つを明確にすることが大切です。

事前課題

1. アスクルのビジネスモデルはどこが新しいと考えられますか？ また、なぜこのような新しいビジネスモデルを生み出せたと思いますか？ 本書に記載していないことも推定して書いてください。
2. みなさんの考えているビジネスアイデアの「ビジネスモデルキャンバス」を書いてみてください。

さらに深く学びたい人のための文献案内

アレックス・オスターワルダー／イヴ・ピニュール『ビジネスモデル・ジェネレーション　ビジネスモデル設計書——ビジョナリー、イノベーターと挑戦者のためのハンドブック』小山龍介訳、翔泳社、2012年。
　　ビジネスモデルを構想、実行、修正する際に1枚のチャートで俯瞰できる「ビジネスモデルキャンバス」のつくり方や、多くの事例が詳説。ビジネスモデルを考える人には必読の書。

今枝昌宏『ビジネスモデルの教科書——経営戦略を見る目と考える力を養う』東洋経済新報社、2014年。
　　ビジネスプランの成功パターンを31事例紹介してある。成功するビジネスモデルを構築する人には必読書。

エイドリアン・スライウォツキー『ザ・プロフィット——利益はどのようにして生まれるのか』中川治子訳、ダイヤモンド社、2002年。

根来龍之監修、富士通総研・早稲田大学ビジネススクール根来研究室編著『プラットフォームビジネス最前線——26の分野を図解とデータで徹底解剖』翔泳社、2013年。
　　マッチングビジネス、クラウド、クチコミ、予約サービスなど最新のプラットフォームビジネスの動向をまとめ、今後のトレンドを予測している。

CHAPTER 6

最良の経営チームを
どのように構築するのか？

ケース　ワイズセラピューティックス

　ワイズセラピューティックス株式会社（以下、ワイズ社）は、東京大学医科学研究所およびテキサス大学 MD アンダーソンがんセンターの森本幾夫教授（当時）とテキサス大学 MD アンダーソンがんセンターの N. H. Dang 助教授（当時）の研究シーズをもとに、アンジェス MG 株式会社・元代表取締役社長の村山正憲氏が中心となり、2003 年 3 月に設立されました。

　ワイズ社が開発している医薬品の 1 つが、各種ガン細胞で発現しているタンパク質（CD 26 分子）の働きを抑制する抗体医薬であり、当時、注目された開発分野の 1 つでした。同社は日本だけでなく、米国を含めた世界のバイオ市場で一流のグループに仲間入りするという壮大なビジョンを掲げており、「ジェネンテックのような会社になるのが夢です」というのが、村山 CEO（最高経営責任者）がときどき口にする言葉でした。

　森本幾夫教授は 1977 年に慶應義塾大学大学院医学研究科を修了後、同大学の内科学教室で助手をつとめた後、ハーバード大学医学部に移り、1988 年に同大学の准教授に就任。1995 年に東京大学医科学研究所のウイルス疾患診療部の教授、2000 年同研究所免疫病態分野教授となり、2001 年にテキサス大学 MD アンダーソンがんセンターのリンパ腫・骨髄腫分野の客員教授に就任しました。森本教授は免疫学の権威であり、ワイズ社の事業化の中心的なシーズである CD 26 分子に関する研究だけでも、過去 5 年間に欧米の主要学術雑誌に 40 近い論文を発表

するほど、この分野で最先端の研究者でした。東京大学から兼業の承認を得て、2003年にワイズ社を設立、取締役に就任しました。

一方、代表取締役CEOの村山正憲氏は、1986年に慶應義塾大学経済学部を卒業後、ドイツ証券、ゴールドマン・サックス証券といった外資系金融機関勤務を経て、1992年に個人の運用会社を設立しました。その後、アンジェスMGの創業者である現大阪大学の森下竜一教授と出会い、同社を2002年に大学発バイオ・ベンチャーのIPO第1号に導いた人物です。

その後、アンジェスMGの社長を2003年はじめに退社した村山氏は、人を介して森本教授と出会います。村山氏は森本教授の研究の質の高さと「難病で苦しんでいる人に良い薬を届けたい」という考えに感銘、一方、森本教授は村山氏のバイオ・ベンチャー育成の経験に注目し、世界的なバイオ企業をつくりたいというビジョンに共鳴したのです。この2人の出会いによってワイズ社の創業が実現したのであり、それがなければ、森本教授の研究の事業化はずっと遅れたかもしれません。

経営メンバーとしては、COO（最高執行責任者）として青柳貞吉氏、CFO（最高財務責任者）として冨田鋼一郎氏が、CTO（最高技術責任者）には金島秀人氏が参画しました。青柳COOは、1981年に大阪大学大学院薬学研究科博士課程を修了。明治製菓、アムジェン、ジェネンテック等で医薬品開発に携わり、所属企業のM&Aの影響で日本ロッシュ、中外製薬の製品企画グループ出身となりました。バイオ・ベンチャーは大手製薬とのアライアンスが経営戦略の根幹を占めるので、ベンチャーと大手製薬の双方の内情を熟知している青柳氏のような存在はきわめて貴重です。CFOの冨田鋼一郎氏は1970年に横浜国立大学経済学部を卒業し、同年に日本長期信用銀行に入行。同行ロサンゼルス支店、長銀ニューヨーク信託社長を歴任し、1999年に同行を退職。2001年に日本ドレーク・ビーム・モリンのマネジメントコンサルタントを経験。銀行員、コンサルタントの経験とともに、海外での長期のキャリアを生かして、ワイズ社の管理部門を担当。当初から海外での業務展開を

図表6-1 ワイズセラピューティクスの創業メンバー

（出所）筆者作成。

考えている会社では、ライセンス等の法務関連の交渉、管理が重要で、この部門に優秀な人材が必要です。CTOの金島秀人氏は1978年に名古屋大学医学部を卒業。同大医学部の病理助手を経て渡米し、20年以上米国に居住。その間、1986年にスタンフォード大学病理学客員研究員に就任。1988年にカリフォルニアのバイオ・ベンチャーであるシステミックス社の細胞移植研究部ディレクター、2000年から東京大学シリコンバレーオフィスのディレクターを経験しています。

ワイズ社の経営陣は、会社のパフォーマンスを上げるうえで、適切な人材ポートフォリオを形成しています。ポートフォリオは、ファイナンス・ビジネス（村山CEO）、研究開発（森本取締役）、臨床開発（青柳COO）、管理・総務（冨田取締役）、技術評価・海外ネットワーク（金島CTO）という、ほぼ理想に近い組合せを会社の創業に近い時期に組成することができました（図表6-1）。その結果、スタートアップの段階から多くのベンチャーキャピタルより資金を集めることができ、2003年12月時点までに約15億円の資金を調達して、順調なスタートを切ったのです。

では、同社は順調に成長を続けることができたでしょうか？

2005年6月20日付で東京証券取引所が刊行した『マザーズ上場の手引き』のなかの「Ⅴ．上場審査に関するQ&A」に関して、創薬系バイオ・ベンチャー企業のマザーズ上場準備における留意点や審査上のポイント等を追加する改訂が行われ、それが同社に大きな影響を与えまし

た。

　どのように改訂されたかというと、上場にあたって整備するポイントとして、パイプライン（新薬候補）に臨床試験による薬理効果が確認されているものが含まれているか、それぞれのパイプラインの開発優先順位の明確化と適切な管理がなされているか、主要なパイプラインの製薬会社とのアライアンス等による将来の開発と事業化の担保があるか、主要なパイプラインにかかる知的財産権の保護があるか等、7項目が列挙されたのです。実質的に1つのパイプラインではだめで、複数のパイプラインをもっている必要があり、かつ、そのパイプラインは大手製薬会社と開発契約が締結されていなくてはならない、ということを意味しており、バイオ・ベンチャーにとっては、非常に高いレベルを要求するものでありました。

　ワイズ社は、このように当初の上場を短期間で達成することができなくなるような大きな危機に直面して、2005年11月には大幅な希望退職を募ることとなり、また、2005年12月にはCEOを加藤伸朗氏（味の素の医薬開発部部長、臨床開発部部長）、COOを東園基治氏（いすゞ海外商品企画部長、北米品質担当部長）に、経営メンバーを入れ替えることになったのです。

　理想的な経営チームを組成して資金も潤沢に集めながらも、規制の変化による会社の危機に直面したときに、本来、期待されるようなプロフェッショナルとしての役割を果たすことができなかった要因は何だったのでしょうか？　経営メンバーの理念の共有性、相互の信頼性などの面で問題があったのではないかと筆者は考えます。

1 創業メンバーの重要性

　革新的なアイデアとチャンスのタイミングで事業を始めるに際して、優秀な創業メンバー（人的リソース）と創業資金（経済的リソース）が大きければ大きいほど、成功確率が高くなることは明らかです。逆説的にいえば、リソース不足こそ、多くのベンチャー企業や大企業の新規事

図表6-2　盛田昭夫と井深大（右）

（出所）@AFP PHOTO/JIJI PRESS.

業が失敗する大きな要因です。

　それでは1人で始めたほうがいいか、パートナー（チーム）で始めたほうがいいか、どちらでしょうか？　筆者は多くの創業予備軍から受けるこのような質問に対しては、業種と競争条件によって異なりますが、原則としてパートナーで始めたほうがいいと答えています。もちろん1人で始めたほうが意思決定のスピードも速いし、実行力もあります。

　しかし企業規模が20人を超えてくるあたりから、1人で始めた場合には問題が生じやすくなります。すべてのことを起業家が指示、命令しなくてはならないため、方向性が混乱することが多くなるのです。せいぜい50人まではしのげますが、それ以上の規模になると1人の起業家が数人の管理ができる部下を雇ったとしても、本質的な解決にはならないでしょう。パートナーと部下は意味合いがまったく異なるのです。

　ソニーの**井深大**と**盛田昭夫**、ホンダの**本田宗一郎**と**藤沢武夫**、パナソニックの**松下幸之助**と**高橋荒太郎**、HPの**ウィリアム・ヒューレット**と**デビッド・パッカード**、アップルの**スティーブ・ジョブズ**と**スティーブ・ウォズニアック**など、パートナーを形成したベンチャー企業の事例は多いです。とくに「異質性と同質性のジレンマ」といわれるように、

できれば異なる経営観をもったパートナーのほうがいいでしょう。パートナーを組んだほうが単独よりも創業後の存続率が高い、または企業の業績が高い、という統計的な結果は、他の要素があまりに多くて証明されてはいません。しかし、ベンチャー企業が創業後に大きな壁にぶち当たったときに、同じ経営理念を共有するパートナーの存在は必ずや大きな力をもたらすことになると信じています（図表6-2）。

2 主な経営チームのメンバー

通常、経営チームには経営責任者（**CEO**）、執行責任者（**COO**）、技術責任者（**CTO**）、財務責任者（**CFO**）の役割が必要です。最近ではこのほかに情報責任者（CIO）や顧客市場分析調査責任者（CMO）、個人情報保護責任者（CPO）、ナレッジ活用責任者（CKO）などの役割も重要視されています（図表6-3）。

それでは、最初から最低4人のチームを組まなくてはならないのでしょうか？　もちろん、最初から優秀な経営チームが確立できればそれ

図表6-3 ベンチャー企業の経営チーム

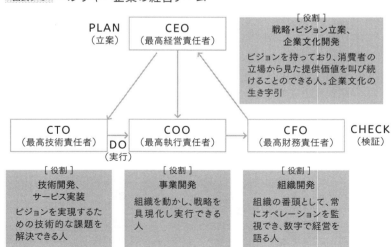

（出所）金井一頼・角田隆太郎編『ベンチャー企業経営論』有斐閣、2002年、第4章より筆者作成。

にこしたことはありません。とくにベンチャーキャピタルが出資するに際しては経営チームを非常に重視するので、最近でに設立のときから経歴の優れた4人のメンバーを集めて創業する例も見受けられます。しかし、どれだけ優秀で過去の経歴が優れていても、パートナーを組むにふさわしい共通の理念や社会的問題を解決しようとする情熱がないメンバーが、将来の金銭的なリターンを目当てに集まっても、うまくはいきません。ある程度の創業資金を獲得して優秀な経営チームを募集して組成し、それによりベンチャーキャピタルから大きな出資を得ておきながら、その後の経営危機に直面したときにすぐに撤退してしまった事例もあります。

3 経営メンバーの集め方

1994年に刊行された *Built to Last*（邦訳『**ビジョナリー・カンパニー**』）ではディズニー、P&G、ウォルマートなど業界で卓越し尊敬され、かつ長期間にわたって存続している企業18社について分析しています。

その第1章は「非常に素晴らしいアイデアによってベスト・オブ・ベストの会社は誕生した」という仮説の検証から始まっています。しかし「大きな業績を上げている会社のなかですごいアイデアで始まった会社は1社もない」という意外な結論でした（図表6-4）。

それではなぜ、成長し続けているのでしょうか？　それは確固とした経営理念があるからです。しっかりとした揺るぎのない経営理念がある会社は時を超えてベスト・オブ・ベストになれるという結論です。ビジネスモデルや取り扱う製品・サービスの業種等は状況に応じて変わってもかまわないけれども、確固たる経営理念だけは変えてはならないと論述しているのです。

ベンチャーとしての起業は未知の世界に踏み出すことであり、従来のやり方を変えなければなりません。そこにはフロンティアとしての「悩みや苦しみ」がともないますが、経営理念をもち、達成した結果だけで

図表6-4　ビジョナリー・カンパニー

- 時を告げるのではなく、時計をつくる
- 「ORの抑圧」をはねのけ、「ANDの才能」を活かす
- 利益を超えて基本理念を維持し、進歩を促す
- 社運を賭けた大胆な目標
- カルトのような文化
- 大量のものを試して、うまくいったものを残す
- 生え抜きの経営陣
- 決して満足しない

- ヒューレット・パッカード、IBM、ソニー
- モトローラ、ボーイング、ゼネラル・エレクトリック、フォード、メルク、スリーエム
- プロクター＆ギャンブル、ジョンソン＆ジョンソン、ウォルト・ディズニー、ウォルマート、アメリカン・エキスプレス、シティ・コープ、フィリップ・モリス、ノードストロム

（出所）ジム・コリンズ／ジェリー・I・ポラス『ビジョナリー・カンパニー』より。

なく、その過程を「楽しむ」人材がどれだけ集まるかが最も重要であると確信します。

4 人材の採用と教育

　スタートアップ段階の企業はなかなか思うような人が集まりません。給料も高く払えないし、福利厚生でも大企業に劣ります。人材、とくに経営者にとって自分の得意分野以外の分野を補佐する人材の確保は、起業時の重要な問題です。「いい人がいればいつでもパートナーとして採用しようと思っているが、なかなかいい人と出会えない」「うちは高い給料と待遇を用意できないから、一流の人材は採用できないのだ」という相談を筆者もよく受けます。どのようにしたら力のある経営チームを組成できるのでしょうか？

　まずはスタートアップするにあたって、起業家を補佐する人材を確保できているか、確保できていない場合はその理由や今後の予定を確認する必要があります。また、パートナーや幹部社員を確保できている場合も、起業家との信頼関係の深さを確認するとともに、事業スケジュールと照らして能力的に適切な人材かどうかを冷静に分析することが重要です。

　経営者の**補佐的人材**（会社におけるCOO、CFOに当たるナンバー2の人材）は、起業家が本気で探さないかぎりは適任者があらわれないも

のです。適任者は偶然出てくるものではなく、徹底的に探すのだという意欲が重要です。起業家にとって、人材採用と人材教育は、将来の会社の運命を決定する最重要課題であると認識すべきでしょう。とくに、会社をスタートアップした早い段階で補佐的人材を獲得できないまま急成長し始めてしまうと、会社が混乱して失敗することが多くなりがちです。自社にとってどのような役割を担える人材が必要であるかを、起業家自身が具体的にイメージすることが不可欠です。筆者の経験では、経営者の補佐的人材として人材紹介会社やヘッドハンティング会社からの紹介人材ではうまくいかないことが多く、自分の中学・高校・大学時代の友人や、社会人になって初期の頃の社外の取引先や趣味の集まりで、気心が通じ、かつ、信念の強い人の顔を思い浮かべて、その人に連絡をとってみるとうまくいくことが何度もありました。

　補佐的人材は創業者と異質な考え方をとる人のほうがいいのか、あるいは同質な考え方をとる人を選んだほうがいいか、という「**異質性と同質性のジレンマ**」というテーマがあります。創業者は独立心が旺盛で安易に群れたりすることは避けようとしますが、同時に強い孤独感やプレッシャーをやわらげるような志を通じた連帯の感覚も必要です。

　短期的に見ると、創業者と補佐的人材との円滑なコミュニケーションや信頼が非常に重要であり、同質性が高いほうがいいようです。一方、長期的に見ると、同質性のネットワークでは情報の重複が発生し、スタートアップ時に直面する問題に対処できないこともあります。異質性が高いメンバーのほうが視野の広い意思決定ができるので、長期的には異質性のほうがいい場合も多いです。具体的に「異質性と同質性のジレンマ」をどのようにバランスさせるかは経営理念との兼ね合いが強く、また、事業のタイプや業界の変化スピードによって異なります。つまり「異質性と同質性のジレンマ」のバランスこそが創業者の能力であり、ベンチャー企業の将来を決めるといっても過言ではないでしょう。

　また、いい人材を採用することばかりでなく、育成することも経営者の重要な仕事です。費用を払って経営メンバーを採用してもすぐに辞めてしまったり、あるいは組織になじめずに実力を発揮できない場合も多

いものです。

　スタートアップ直後における人材確保の問題として、人の出入りが激しい、つまり、採用も多いけれども辞める人も多くて定着率が低いことが挙げられます。その場合には、定着率が悪い原因を究明し、人事体制や人事評価システムなどを改善するなどの措置を講じる必要があります。従業員の意見を吸い上げる仕組みを構築することも重要になるでしょう。起業家は定着率が悪いことを悩んでも、従業員の意見におもねる必要はありません。自分が独断的になっていないかは常に冷静に判断しなければなりませんが、常に経営理念を語り続け、その経営理念に賛同できない人、企業成長を志向できない人は退社してもらってもかまわないと、強い信念をもち続けるべきです。起業家の軸がぶれないことが、強い集団を形成することにつながるのであり、弱者の寄せ集め集団ではとてもその後の競争に立ち向かえないでしょう。

　また、人材が育たないということも大きな課題です。これについては、まず経営者として、人材は容易に育たぬものであることを、あらかじめ十分認識する必要があります。

　一方、急成長期に入ってからではもはや手遅れなので、この段階で何としても人材を育てておかなければなりません。したがって、事業計画に照らして、自社に必要な人材の能力や人数を明確にして、採用や教育についての計画を策定し実施する必要があります。

　ベンチャー企業を取り巻く環境が大きく変わっても、しっかりとした採用と育成戦略を着実に実行することが重要なのです。

Column　経歴のいい人よりも企業理念の一致する人

　「企業は人なり」とよくいわれます。とくに経営資源の少ないベンチャー企業においては人材の優劣がすべてであるといっても過言ではないでしょう。ベンチャー企業の場合、大企業よりも高い給料を払うわけにもいかず、また知名度もありません。そのような企業に優秀な人が入社してくれるでしょうか？　創業間もない頃は、社長1人の才

能でビジネスアイデアやビジネスモデルをつくり、営業も行い、社員の管理ができることもあるでしょう。創業した社長は情熱もあり、才能もあり、また人を引っ張る力も強いものです。

　しかし、イノベーティブな事業で急成長していればいるほど、社長1人では手に負えなくなってきます。目が行き届かないところが出てくるから、思わぬミスやトラブルが頻発します。それに対して、社長が感情的に怒鳴る一方か、付け焼き刃的な短期的な処方箋しかもたないことが多く、そのため、成長が止まってしまうことが散見されます。会社の業界や社長の性格、企業風土などによって異なりますが、従業員で50人くらい、売上高5億円くらいで分岐点がくることが多いようです。

　このようなときには社長の分身ともいえる経営パートナーが必要です。創業時から入れば問題ないですが、見つけるのを後回しにしていると途端に会社がぎくしゃくし始めます。どのようにして見つけたらいいか？　なかなか見つからない、という相談をよく受けます。

　それに対して筆者は、「なかなか適任者は見つからないが、あなたの最も大切な仕事はその経営パートナーを見つけることです。必死になって探してください」と答えています。1～2年という時間がかかることもあります。その折に、入社後の給料や待遇のことをやたら気にする人は経営パートナーではありません。これまでの経歴がすごい人をとるのではなく、経営理念に共感をもってくれる人、率直に社長の良くないことを指摘してくれる人を選ぶべきです。いいと思った人がいても、相手の事情でなかなか入社してくれないときもあります。そのときでも慌てず、じっくりと付き合っていれば、相手の状況の変化が起こったときに来てくれることも多いものです。必ずしも人材紹介会社にだけ頼んでおけばいいというものではないことを肝に銘じてください。

　ベンチャー企業は創業後に野球型（1人の監督がすべての選手に指示を出す）タイプでもなんとかなりますが、本来的にはサッカー型（試合になったら複数のリーダーの選手が攻めと守りの陣形を状況に応じ

ながらとって他の選手を率いてゆく)であるべきと考えます。一方で世界をねらうようなベンチャー企業はシングルテニス型、ダブルステニス型(1人か2人だけで試合をする)という形でもいいと考えます。

> **まとめ**
>
> 1. 経営チームには経営責任者(CEO)、執行責任者(COO)、技術責任者(CTO)、財務責任者(CFO)の役割が必要です。
> 2. 経営者の補佐的人材(会社におけるCOO、CFOに当たるナンバー2の人材)は、起業家が本気で探さないかぎりは適任者があらわれないものです。起業家にとって、人材採用と人材教育は、将来の会社の運命を決定する最重要課題であると認識すべきです。

事前課題
1. ワイズセラピューティックス社の事例を読んで、創業時のメンバー組成のどこに問題があったのかを考えてみてください。あなたならどこを変えますか?
2. ベンチャー企業を始めるに際して、創業者と異質な考え方をとる人と一緒に始めたらいいのか、あるいは同質な考え方をとる人を選んだほうがいいのか、という「異質性と同質性のジレンマ」について、あなたの考えをまとめてください。

さらに深く学びたい人のための文献案内
ウォルター・アイザックソン『スティーブ・ジョブズ1』(ペーパーバック版)井口耕二訳、講談社、2012年。
    アップルを創業したスティーブ・ジョブズの生き様がよく記述されている。創業メンバーとの関係だけでなく、ベンチャー企業の楽しさ、むずかしさのすべてが書かれている。

小倉昌男『小倉昌男 経営学』日経BP社、1999年。
　　ヤマト運輸の社長である小倉昌男が「宅急便」を生み出した苦労を書いたケーススタディ。人生を考える際に参考になる重要な本。
ベン・ホロウィッツ『HARD THINGS ——答えがない難問と困難にきみはどう立ち向かうか』滑川海彦・高橋信夫訳、日経BP社、2015年。
　　ネットスケープなどいくつものベンチャー企業を創業した経営者の経験とノウハウの詰まった本。危機に遭遇したときにどのように対応するかを考えさせられる。
ジム・コリンズ／ジェリー・I・ポラス『ビジョナリー・カンパニー——時代を超える生存の原則』山岡洋一訳、日経BP社、1995年。

CHAPTER 7

ライバルとどのように差別化するか？

ケース　カーブス

　テキサスを本拠とする女性専用のフィットネスクラブ、**カーブス**は、すでに飽和し、競合企業がしのぎを削っていた業界に参入したにもかかわらず、フィットネス業界の需要を激増させ、巨大な市場を開拓することになりました。店舗数は全世界で1万店、会員数は400万人を超えています。日本でも2005年にスタートし、2016年12月には店舗数1760店、会員数79万人に成長しています。

　従来型のフィットネス業界では、男女両方を対象に多彩なスポーツやエクササイズを提供、その多くは都会の一等地に位置して、豪華な施設や筋肉トレーニング用の各種機器を設置していました。こうした従来型の顧客はフィットネス人口の12%にすぎず、そのほとんどが大都市圏に集中していました。

　これと対極にあったのが、家庭向けエクササイズ・プログラムで、ビデオ、書籍、雑誌などを提供するものでした。価格に安く、家で利用でき、一般にエクササイズ機器はまったく不要です。

　カーブスの創業者はフィットネス業界に参入する際して、業界内の他の戦略グループである家庭向けエクササイズ・プログラムに目をつけ、その両方の利点を取り入れることで他のスポーツクラブとの差別化を図りました。すなわち、スポーツクラブを選ぶのは、家にいてはトレーニングをサボってしまうから、家庭用プログラムを選ぶのは、時間やおカネを節約したい、プライバシーを守りたい（太めの体をレオタードで包んでトレーニングにはげんでいる姿を男性に見られたくない）か

図表7-1 カーブスの特徴

(出所) 株式会社カーブスジャパンHP (www.curves.co.jp)。

ら、と分析しました。その両方のいいところだけを残して、それ以外は削ることにしたのです。

具体的には、①会員もスタッフも女性だけ、②1日わずか30分だけのトレーニングで、好きなときに来店、待ち時間なし、ロッカールームもシャワーもなく、カーテンで仕切った着替え用スペースがあるだけ、③12種類の簡単なマシンが円形に並べられているだけで、「クイックフィット」と呼ばれる操作も簡単で安全、気軽に使え、スタッフや参加者同士がおしゃべりしながらトレーニングできるように工夫がされている（図表7-1）、④圧倒的に安い会費（月何回通っても5700円もしくは6700円。米国では「1日コーヒー1杯分の費用で、適度なエクササイズ、そして健康が手に入る」というキャッチフレーズです）。フランチャイズ店にとっても、豪華な施設・高価なトレーニング機器や大通りに面した場所を選ぶ必要がないため、初期費用が大幅に節約できます。また短時間で会員が回転するため、効率も非常によく、さらに女性特有の口コミで拡散していったために広告宣伝費も少なくてすみました。このように、既存のフィットネス業界のなかで差別化をして競争する「レッド・オーシャン」ではなく、新たな競争原理を創出する「ブルー・オーシャン」（第2節で詳述します）を取り入れたことが成功の要因といえましょう（W・チャン・キム／レネ・モボルニュ『[新版]ブルー・オーシャン戦略』参照）。

図表7-2 5つの競争要因

（出所）マイケル・E・ポーター『新訂　競争の戦略』より。

1 競争戦略のタイプ

競争戦略とは、**マイケル・ポーター**の『新訂　競争の戦略』によれば、マーケティングにおいて5つの競争要因（「供給企業（サプライヤー）の交渉力」「買い手の交渉力」「競争企業間の敵対関係」という内的要因と、「新規参入業者の脅威」「代替品の脅威」の外的要因）ごとに防衛可能な地位をつくり出すために、攻撃あるいは防御のアクションを打つことです（図表7-2）。

このような競争戦略は次の3つに類型化できるとしています。

（1）　コスト・リーダーシップ戦略

コスト・リーダーシップ戦略とは、コストを下げたり、価格が安いことを利点として、顧客を集めることで競合他社よりも優位を目指そうとすることです。これを実現するための方法としては、製造業ならば生産量を増加させるという戦略が存在します。このことで製品1個当たりの費用を削減できるとともに、仕事を通じて多くの経験を積めるようになることから、労働力や工程の効率化も期待できるというわけです。

第7章　ライバルとどのように差別化するか？　73

（2） 差別化戦略

差別化戦略とは、特定商品（製品やサービスを含む）における市場を同質とみなし、競合他社の商品と比較して機能やサービス面において差異を設けることで、競争上の優位性を得ようとすることです。多機能化や高級化がこれに該当します。

（3） 集中戦略

集中戦略とは、企業が対象とする市場を特定の顧客層や特定地域などのセグメント（集団）に集中することです。これには選ばれたセグメントでコスト優位を確立するコスト集中と、市場の特異なセグメントに資源を集中することで競争優位性を確立する差別化集中の2つがあります。

2 ブルー・オーシャン戦略とは？

このような競争戦略を効率的に策定し、実行するための考え方に「**ブルー・オーシャン戦略**」があります。これは INSEAD（欧州経営大学院）教授の **W・チャン・キム**と**レネ・モボルニュ**が提唱したものです。

競争の激しい既存市場を「**レッド・オーシャン**（赤い海、血で血を洗う競争の激しい領域）」とし、競争のない未開拓市場である「**ブルー・オーシャン**（青い海、競合相手のいない領域）」を切り開くべきだとし

図表7-3　戦略の比較：レッド・オーシャン VS ブルー・オーシャン

レッド・オーシャン戦略	ブルー・オーシャン戦略
既存の市場空間で競争する	競争のない市場空間を切り開く
競合他社を打ち負かす	競争を無意味なものにする
既存の需要を引き寄せる	新しい需要を掘り起こす
価値とコストの間にトレードオフの関係が生まれる	価値を高めながらコストを押し下げる
差別化、低コスト、どちらかの戦略を選んで、企業活動すべてをそれに合わせる	差別化と低コストをともに追求し、その目的のためにすべての企業活動を推進する

（出所）W・チャン・キム、レネ・モボルニュ『[新版] ブルー・オーシャン戦略』より。

図表7-4　4つのアクション

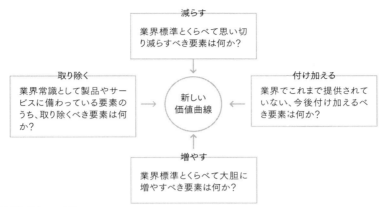

（出所）図表 7-3 と同じ。

図表7-5　カーブスにおける4つのアクション

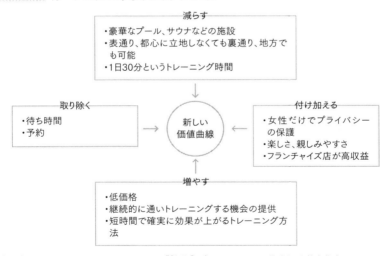

（出所）W・チャン・キム、レネ・モボルニュ『[新版]ブルー・オーシャン戦略』より筆者作成。

ています。従来の競争戦略では、事業が成功するためには低価格戦略か差別化（高付加価値）戦略のいずれかを選択する必要がある、としていましたが、ブルー・オーシャン戦略では、「減らす」「取り除く」ことに

図表7-6 カーブスの戦略キャンバス

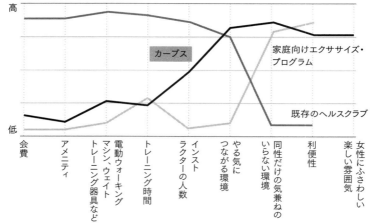

（出所）図表7-3と同じ。

よる低コスト化と、「増やす」「付け加える」ことによる顧客にとっての高付加価値は両立しうる、と主張しているところに特徴があります（図表7-3）。

このブルー・オーシャンを創出するためには、図表7-4に記載した4つの問いを通して、業界のこれまでの戦略ロジックやビジネスモデルに挑むのがいいとされています。

たとえば、本章の冒頭に取り上げたカーブスをこのフレームワークで分析すると、図表7-5のようになります。このように既存のスポーツクラブの提供している価値に対して、「減らす」「取り除く」「増やす」「付け加える」というアクションをとることにより、顧客に新しい価値を提供でき、その結果、ブルー・オーシャンな市場を創造できたといえましょう（図表7-6）。

3 知的財産権の確保

ライバルと差別化する方法として、特許等の知的財産権を確保して、他社にその技術を使わせないことも大きな戦略となります。

図表7-7　知的財産の種類

権利の種類	権利の内容
特許権	新規の発明をした人が、その発明の権利を限られた期間独占する権利。自然法則を利用した技術的思想の創作のうち高度なもの（権利期間は出願から20年）。 したがって、金融保険制度・課税方法などの人為的な取り決めや計算方法・暗号など自然法則の利用がないものは保護の対象とはなりません。また、技術的思想の創作ですから、発見そのもの（たとえば、ニュートンの万有引力の法則の発見）は保護の対象とはなりません。
実用新案権	自然法則を利用した技術的思想の創作であって、物品の形状、構造または組合せに係るものを保護の対象とします。したがって、物品の形状等に係るものですから、方法に係るものは対象となりません。また、特許法の保護対象とは異なり、技術的思想の創作のうち高度のものであることを必要としません（権利期間は出願から10年）。
商標権	商標とは、事業者が自己の取り扱う商品・サービスを他人のものと区別するために使用するマーク（識別標識）です。商品やサービスに付ける「マーク」や「ネーミング」を財産として守るのが商標権です（権利期間は登録の日から10年、更新あり）。 商標には文字、図形、記号、立体的形状やこれを組み合わせたものなどのタイプがあります。
意匠権	物品の形状、模様、もしくは色彩またはこれらの結合で、視覚を通じて美感を起こさせるもの（権利期間は登録の日から20年）。

（出所）特許庁HPより筆者作成。

　知的財産権とは、「知的創造物に対する無体財産権」と定義され、技術的創造物についての権利としての工業所有権（特許権、実用新案権、商標権、意匠権）と、文学的、美術的創作物についての権利（著作権）に大別されます。

　主な権利の内容は、図表7-7のように説明されています。

　なお、2015年4月から特許法等の一部を改正する法律が施行され、新しいタイプの商標が保護されることになりました。色彩のみからなる商標、音商標など、これまで商標として登録し保護することができなかった商標について登録をすることができるようになりました。

　今回の改正により、新たに商標の登録ができるようになったものは図表7-8のとおりです。

　大企業にくらべて、人、おカネ、モノ、情報という経営資源において劣るベンチャー企業が世界の大企業と伍して競争するためには、特許などの知的財産権を構築することが競争の源泉となります。しかし、何で

図表7-8 新たに登録ができるようになった商標のタイプ

タイプ	内容	事例
動き商標	文字や図形等が時間の経過にともなって変化する商標（たとえば、テレビやコンピューター画面等に映し出される変化する文字や図形など）。	東レ、小林製薬、ワコール、菊正宗酒造
ホログラム商標	文字や図形等がホログラフィーその他の方法により変化する商標（見る角度によって変化して見える文字や図形など）。	三井住友カード
色彩のみからなる商標	単色または複数の色彩の組合せのみからなる商標（これまでの図形等と色彩が結合したものではない商標。たとえば、商品の包装紙や広告用の看板に使用される色彩など）。	
音商標	音楽、音声、自然音等からなる商標であり、聴覚で認識される商標（たとえば、CMなどに使われるサウンドロゴやパソコンの起動音など）。	久光製薬、味の素、小林製薬、大幸薬品、花王など
位置商標	文字や図形等の標章を商品等に付す位置が特定される商標	ドクターシーラボ

（出所）筆者作成。

も特許化することがベンチャー企業にとって望ましいかといえば、そうとも限りません。

　もちろん、特許化することにより、他人の模倣を排除できる権利を獲得できますが、同時に、その技術内容を他人に教えることになり、盗用のリスクが生じます。ベンチャー企業が先に出願している特許でも、権利化されるまでに数年かかることもあり、申請中に他社が真似をし、他社が先に多くの顧客を押さえてしまい、業界の標準的な製品・サービスの地位を築いてしまう事例も多いものです。数年後にベンチャー企業の

知的財産権が権利化できても、すでにその時点ではベンチャー企業が食い込む余地はなくなっていることもあります。せいぜい大企業に特許侵害である旨を通告して、ロイヤルティ（特許権使用料）の支払いを要求するのが精一杯です。しかも、ベンチャー企業は特許侵害の訴訟を起こそうにも、資金も乏しいのです。また、大企業が周辺特許を押さえている場合、単に基本特許をベンチャー企業が保有しているからといって、一方的に大企業にロイヤルティを請求できるとは限りません。他人が模倣できないような技術であれば、その技術をノウハウなどとしてブラックボックス化して、盗用を排除するほうが有効でしょう。

　弁理士の佐藤辰彦氏は、「バイオなどの創薬分野の発明は他の類似の発明で代替することがむずかしいことが多く、1つの特許でもその発明について強力な市場専有可能性を与える。他方、機械・IT技術のような分野では、基本特許はその技術を包括的に独占できる一方、その応用技術の特許なくしては成り立たない。このため、基本特許に続く応用特許を戦略的に構築することが必要となる。このように、ベンチャー企業のもつ技術の分野に応じたポートフォリオが求められる。機械・IT技術のような発明では、基本発明を除き、その応用技術として、多くの代替技術や迂回技術が生まれるので、基本発明の特許を中心として、これらの代替技術や迂回技術を排除できるような特許の群として特許化することが必要である」と述べ、ベンチャー企業は特許に関するポートフォリオの方針を構築する必要があると説いています（松田修一研究室『日本のイノベーション』参照）。

> Column　必ずマネをする他社が現れるだろう
>
> 　多くのビジネスプランのなかには「この製品・サービスを提供できるのは世界でわが社だけです」「これまでこのような製品を開発できた企業は存在しません」「すでに国際特許（IPC特許出願）が確立しているので、他社は真似できません」という表現をとっている企業がいくつもあります。思わず「本当ですか？」と質問したくなります。「諸行

無常」という言葉があるように、世の中は常に変化するものです。そのようにいいたくなる気持ちもよくわかりますし、これまでの努力には敬意を表します。

　しかし、ユニークなビジネスモデルや革新的な製品・サービスの競争優位性（差別化）はその時点で世界最高であったとしても、すぐに模倣され、陳腐化してしまうものであると覚悟しておいたほうがいいと思います。それほど現代においては情報の拡散スピードは速く、ライバルが出現するものなのです。それを想定しないで「わが社だけが……」と油断していると、すぐに追い抜かれてしまいます。早い段階でテレビや新聞、雑誌に取り上げられて、自慢げに語ることも、ある意味ではライバルの出現を加速させることにつながっていると考えるべきでしょう。

　大切なことは、①ライバルが真似をしようと思っても、すぐには参入できない矛盾やバリアをあらかじめつくっておく、②ライバルよりも何倍ものスピードで駆け抜けるだけの社内体制を築く、③こちらの会社の顧客がライバルの製品・サービスにシフトしようとしたときに何らかの苦痛が生じる（移転コストが生じるといいます）仕組みをつくっておく、など何らかの対策を講じておくことです。囲碁や将棋と同じく、何手先を読むかが勝負の分かれ道です。

まとめ

1. 競争戦略とは、マーケティングにおいて5つの競争要因(「供給企業の交渉力」「買い手の交渉力」「競争企業間の敵対関係」という内的要因と、「新規参入業者の脅威」「代替品の脅威」の外的要因)ごとに防衛可能な地位をつくり出すために、攻撃あるいは防御のアクションを打つことです。
2. ブルー・オーシャン戦略とは、「減らす」「取り除く」ことにより低コスト化を、「増やす」「付け加える」ことにより顧客にとっての高付加価値を実現し、両者は両立しうるとするものです。
3. 大企業にくらべて、人、おカネ、モノ、情報という経営資源に劣るベンチャー企業が世界の大企業と伍して競争するためには、特許などの知的財産権を構築することが競争の源泉となります。

事前課題

1. カーブスの事例が、既存のスポーツクラブの提供している価値に対して、「減らす」「取り除く」「増やす」「付け加える」というアクションをとることにより顧客に新しい価値を提供したことを参考にして、あなたが日頃使っている商品・サービスを1つ取り上げ、その価値を「減らす」「取り除く」「増やす」「付け加える」ことによって、新たな付加価値のある商品・サービスを考えてください。
2. 特許等、知的財産権の種類を理解したうえで、あなたが知的財産権によって最も他社と差別化していると考える商品・サービスを、1つ考えてみてください。

さらに深く学びたい人のための文献案内

W・チャン・キム／レネ・モボルニュ『[新版]ブルー・オーシャン戦略——競争のない世界を創造する』入山章栄監訳、有賀裕子訳、ダイヤモンド社、

2015 年。

　2005 年に出た初版本の新版。血みどろの競争であるレッド・オーシャンと、新しいイノベーションを起こすブルー・オーシャンを対比させて、ビジネスモデルのつくり方を示している。新版では日本企業の事例も増やしており、具体的。

マイケル・E・ポーター『新訂　競争の戦略』土岐坤・中辻萬治・服部照夫訳、ダイヤモンド社、1995 年。

　競争戦略、経営戦略の古典・基本書。5 つの競争要因が有名。ただし 500 ページ、6000 円を超える大作。初心者には、ジョアン・マグレッタ著、マイケル・ポーター協力の『[エッセンシャル版] マイケル・ポーターの競争戦略』（櫻井祐子訳、早川書房、2012 年）のほうが読みやすいだろう。

松田修一監修、早稲田大学大学院商学研究科（ビジネス専攻）松田修一研究室著『日本のイノベーション——WASEDA から 35 の提言　2（ベンチャー支援ダイナミズム）』白桃書房、2011 年。

　ベンチャー支援ダイナミズムを「国家の制度設計」「経営＆資金支援」「社会インフラ支援」の 3 つの視点で整理している。第 9 章でベンチャー企業の知的資産経営の支援について、詳説している。

CHAPTER 8

資金調達を
どのように行うのか？

ケース　グリー

> グリー株式会社
> 代　　表：代表取締役会長 兼 社長
> 　　　　　田中 良和（たなか よしかず）
> 本　　社：東京都港区
> 設　　立：2004 年 12 月
> 上　　場：2008 年 12 月（東京証券取引所マザーズ）
> 　　　　　2010 年 6 月（東京証券取引所第一部に市場変更）
> 従業員数：1530 人（連結、2017 年 3 月）
> 売 上 高：654 億円（2017 年 6 月期）
> 経常利益：100 億円（2017 年 6 月期）

　社長の田中良和氏（1977 年生まれ）は、ソニーコミュニケーションネットワーク（現ソニーネットワークコミュニケーションズ）、楽天の勤務を経て、2004 年 12 月**グリー**を創業しました。創業当時、27 歳でした。業務内容は、インターネットメディア事業を展開しており、主に SNS（ソーシャル・ネットワーキング・サービス）「GREE」の運営を行っています。プロフィール、日記、コミュニティ、フォト、メールなど、ユーザーによる主体的な情報発信をサポートする各種機能の提供や、ユーザー間のコミュニケーションや相互理解を促すプラットフォームとして機能しています。開始当初は PC 向けでの提供を中心としてい

ましたが、2006年11月より開始したKDDIとの事業提携を契機に、現在はモバイル向けのサービス展開に注力しています。

　同社は2004年12月の会社設立時に、創業メンバーに加えて、社長が勤務していた楽天から200万円、持ち株比率20%を出資してもらい出発しましたが、その後、2005年7月に独立系ベンチャーキャピタルであるグロービス・キャピタル・パートナーズが運営するファンドから1億円強を増資後、時価総額評価9億円となりました。担当キャピタリストの小林雅氏とは、2004年10月頃にNILSというICT業界のネットワークセミナーの準備の過程で、シーネットネットワークスの山岸広太郎氏から紹介されて出会っています。

　小林氏はインタビューで「会社設立後は増資の考え方やエクイティの考え方などについて、田中社長にレクチャーしていました。先行するミクシィに続く第2位の地位は築けそうで収益モデルもしっかりしており、サーバーなどはオープンベースのものを利用しており人件費とオフィス代以外に固定費はかからないので、リスクは低いでしょう。田中氏と山岸氏のコンビも非常に信頼できる点を高く評価して投資しました」と述べています。増資前時価総額8億円については、直前にカカクコムが旅行サイトのフォートラベルを買収した12億〜13億円の時価総額を参考にして決めていました。

　その後、2006年7月にはソーシャル・ネットワーキング・サービス（SNS）事業を開始しようと、ミクシィ以外と提携したい意図のあったKDDIから3.6億円を増資後時価総額評価36億円で調達しています。またKDDIが出資した同時期に、インターネット事業を強化したい意図のあったリクルートに、楽天から所有株を譲渡してもらい株主になってもらっています。

　会社設立から4年後の2008年12月17日の株式公開時には、久々の大型株式公開銘柄として高い評価を受け、公募価格1株3300円に対して、初値は5000円をつけました。公募価格ベースでは株価収益率（PER）で69倍、時価総額735億円、初値ベースではPER104倍、時価総額1115億円にまで、高く評価されました。公開直前の持ち株

図表8-1　グリーの資金調達と時価総額の推移

年月日	出費内訳	投資会社	株数	株価（円）	取得総額（千円）	時価総額（百万円）
2004/12/7	会社設立	楽天株式会社	800	2,500	2,000	2
2004/12/7	会社設立	創業メンバー他	3,200	2,500	8,000	32
2005/2/1	合併	個人	4,000	2,348	9,392	75
2005/7/8	第三者割当	グロービスファンド	1,140	88,000	100,320	917
2006/7/31	第三者割当	KDDI株式会社	800	455,000	364,000	3,618
2006/7/31	譲渡・移動	リクルート		455,000	364,000	3,618
2008/3/31	分割	1:2000				
2008/12/17	株式上場			3,300		73,597
2008/12/17	初値			5,000		111,510
2017/3/6	現在			（注）717		168,597

（注）その後に分割などを実施している。
（出所）筆者作成。

比率は、経営者である田中良和氏が62.4％、ベンチャーキャピタルのグロービス・キャピタル・パートナーズのファンドが9.8％という状況でした。公募での調達金額36億円、売り出しでの調達86億円、合計122億円という、この規模の会社では異例ともいえる大量の資金を会社は調達できました。同業で先行するミクシィが2006年9月に同じく高い評価で株式公開していたことと、将来の成長シナリオがわかりやすく説明されたことなどを理由として、成功した株式公開であったといえるでしょう（図表8-1）。

このグリーの**資本政策**（増資のタイミングと増資の金額をあらかじめ計画し、持ち株比率の推移を予想すること）では、2006年7月にKDDIとリクルートに出資してもらった時点の前後の2期に時代区分することができます。

前期においては、ソフトウエアは「オープンソース」をベースにしたものを利用し、サーバ利用料金はレンタルサーバ会社からサポートしてもらい、低額で利用するなど、先行投資をきわめて抑え、優秀な人材の獲得と能力が発揮できる環境の整備にエネルギーを注ぐ時期でした。

後期は、対外的に信頼の高い大企業であるKDDI、リクルートと協創することができ、資金調達もこれまで以上に大きくなったことから、先行投資を十分に行う戦略にシフトしています。具体的には、KDDIの出資から4カ月後にはauユーザー向けソーシャル・ネットワーキング・サービスであるEZ GREEという携帯向けサービスを開始するための開発投資を思い切って行ったことと、サービス開始後はテレビコマーシャルなど広告宣伝費という先行投資を行うことにシフトしています。このように、先行投資キャッシュフローが少ない前期と大きい後期、と時期を明確にして、その段階ごとに資金調達戦略を変えています。会社の成長段階に応じてベンチャー企業の戦略とキャッシュフロー戦略が変化することを計画する、これが資本政策といえます。

1 段階別資金調達先

　革新的なアイデアで、かつチャンスのタイミングで事業を始めるに際して、優秀な創業メンバー（人的リソース）と創業資金（経済的リソース）が大きければ大きいほど、成功確率が高くなることは明らかです。逆説的にいえば、リソース不足こそ、多くのベンチャー企業や大企業の新規事業が失敗する大きな要因となります。

　しかし、創業者（あるいは大企業の新規事業の企画担当者）が必要な経営能力や労働力、十分な創業資金、社会的信用などのすべてをはじめから備えていることはきわめて稀です。もし、本当にリソースが足りているのであれば共同創業者や重要な従業員、外部投資家は必要なく、創業者1人ですべてをコントロールすることができますが、ほとんどの場合、十分には保有しておらず、何らかのリソースが不足しているものです。

　通常はこれまでの仕事や付き合いのなかで賛同を得た仲間2、3人の創業メンバーと会社を始め、また資金もそれぞれが貯金を出し合うとともに、**3F**（Founder, Family, Friends）が出資するくらいのものです。個人的な信頼がある場合もありますが、それも創業者個人について

であり、会社に対してのものではありません。きわめて乏しい経営資源で始めることが大半です。これは大企業の新規事業として始める場合でも同様です。

　この不足するリソースを外部から補い、企業を成長軌道に早く乗せるために、創業者は重要な経営要素を手放す必要が出てきます。この創業者の**経営要素を手放すジレンマ**（悩ましい二者択一）について、ハーバード・ビジネススクールの**ノーム・ワッサーマン**教授の『起業家はどこで選択を誤るのか』が以下のように興味深い分析をしています。外部のリソース提供者がスタートアップの価値を高める貢献への見返りとして要求するのは主に、①経済的所有権（富）と、②意思決定のコントロールの２つがあります。①経済的所有権については、外部投資家は会社がうまくいった場合に得られる経済的な成功の分け前を得ることを動機としています。また、②意思決定のコントロールについては、共同経営者や重要な従業員は重要な決断に関わる権利を要求するものです。この所有権やコントロールを手放そうとしない創業者は、必要なリソースを取り込める可能性が低くなり、したがって思い描いたチャンスを十分に追求することができなくなってしまう、ということになります。創業者は意思決定のコントロールを保有したまま経営を「それなりに」続けるか、それとも革新的なビジネスを急速に立ち上げ、社会に大きなインパクトを与えるために将来の富と意思決定のコントロールを一部放棄するか、の大きな二者択一（ジレンマ）をしなくてはならないと分析しています。

2　ビジネスエンジェル、ベンチャーキャピタル

　ICTの発達やスマートフォンなどの普及、格安なレンタルサーバーやデータセンターの活用などにともなって、従来にくらべて事業をスタートするための最低必要資金は少なくなっています。しかし、スピードが要求される事業環境において、多くの資金を早い段階から調達することは重要で、大半の起業家は事業拡大よりも資金調達に多くの時間を割く

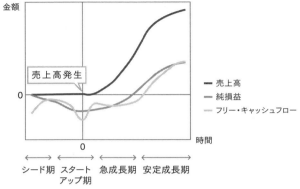

図表8-2 ベンチャー企業の成長ステージ

（出所）忽那・山本・上林『MBA アントレプレナー・ファイナンス入門』45ページより。

ことになります。

　それでは**ビジネスエンジェル**（創業間もない企業に対して資金を提供する裕福な個人）や**ベンチャーキャピタル**（高い成長率を有する未上場企業に対して投資をした後に経営指導を行い、投資先の価値向上を図ったうえで株式を売却してキャピタルゲインを得る投資機関）、事業会社から多くの資金を調達できさえすればそれでいいのでしょうか？　筆者が付き合っている起業家も、3年くらい先まで資金繰りの心配をしないで済むような多くの資金を調達して、ゆっくりと企業経営に専念したいといつも望んでいます。どこかに太っ腹なベンチャーキャピタルやビジネスエンジェルがいたらいいのに、と常に話しているのです。

　しかし筆者の考えでは、多くの資金を早い段階から調達することは、必ずしもいいことではありません。企業の成長段階に応じたステージファイナンスを心がけるべきでしょう。

　企業の成長段階としては**シード期**（商業的事業が完全には立ち上がっておらず、研究や商品開発を継続している段階）、**スタートアップ期**（初期のマーケティング、製造・販売活動が軌道に乗ってきた段階）、**急成長期**（顧客数や売上高が急速に増加している段階）、**安定成長期**（持続的なキャッシュフローがある段階）、**衰退期**（顧客数、売上高とも

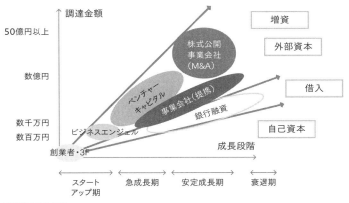

図表8-3 成長段階と資金調達

(出所）筆者作成。

ピークを打って減少を始めた段階）を挙げることができます。この成長段階を十分理解したうえで資金調達の計画を練るべきなのです（図表8-2）。

　成長段階を理解する有用性の第1は、事業の展開と資金需要の関連性を理解しやすいことです。始めたばかりの起業家にとって、売上高と利益、キャッシュフローの関係を真に理解することはむずかしいでしょう。とくに顧客数や売上高が急増する急成長期において最も資金が必要になりますが、起業家の意識は成長していることに安心して調達が遅れがちになりやすいものです。

　また、各成長段階において適した資金供給者が異なることも十分に理解すべきです。一般的に、成長段階が進むにつれてベンチャー企業のリスクは低下していきます。そのため、成長段階ごとに潜在するリスクの大きさと提供される資金の大きさが異なることが重要です。言葉を換えれば、成長段階とリスクの観点から資金提供者の期待リターンが異なるため、おのずと資金を供給できる顔ぶれと資金量が変わるというわけです（図表8-3）。

　たとえばシード期においてはリスクがきわめて高いため、起業家自身や友人、家族などの資金に頼らざるをえません。スタートアップ期に入

れば、相変わらずリスクは高いものの顧客の評価や技術力の高さなどの差別化を判断できるようになるため、ビジネスエンジェル投資家など外部投資家が投資することができます。次に急成長期に入る、または入ることが見通せる段階になれば、リスクが計算できるため、ベンチャーキャピタルや大手事業会社の投資部門がまとまった資金を投資することが可能となります。安定成長期になれば株式上場や大手企業との本格的な提携、売却なども視野に入ってくるでしょう。

　しかし、成長段階とリスクの観点を無視した資金調達はどこかに無理がきます。たとえば、シード期で製品の開発などが完成していないときにビジネスエンジェルから大きな資金を調達したり、スタートアップ期にもかかわらず、大きな資金をベンチャーキャピタルや大手事業会社の投資部門から集めた場合には、よほど将来性を高く評価してもらい、増資時の時価総額を高額に見積もらないかぎりは、起業家の持ち株シェアは過半数を大幅に割ってしまうことでしょう。資金調達した直後や事業が順調に伸展しているときにはビジネスエンジェルやベンチャーキャピタルは「天使」のように会社を助けてくれるありがたい存在です。しかし、使わない資金を会社に保留すればするほど投資リターンに対する風当たりは強くなり、事業が計画を大きく下回った場合には最悪、経営者の交代を余儀なくされることとなるでしょう。「天使」のつもりで株主に入ってもらったのに「ハイエナ」になってしまうこともありうるのです。増資のタイミングと増資の金額をあらかじめ計画し、持ち株比率の推移を予想することを「**資本政策**」と呼びます。1度増資を実行してしまうと後に戻れないことから、ベンチャー企業にとってこの「資本政策」を事前にしっかりとつくっておくことが非常に重要です。

　増資時時価総額を高く見積もって増資できた場合、経営危機に直面したときに投資してくれたビジネスエンジェルやベンチャーキャピタルが時価総額の低下を嫌い、新しい投資を阻害することもありえます。

　ベンチャー起業家としては、ビジネスエンジェル、ベンチャーキャピタル、大手事業会社の投資部門を外部株主とする場合には、自社の成長段階と内在するリスクを十分に把握することによって、外部株主を入れ

るタイミングと資金ボリューム、その持ち株比率を検討すべきです。また、投資家の期待リターンの高さを理解するとともに、投資担当者、責任者が本当に会社の理念に共感してくれているかも重要です。同じベンチャーキャピタルでも「天使」となるか「ハイエナ」となるかはベンチャーキャピタルに信念や覚悟があるかどうかでしょう。起業家は資金面での安心感を得たいがためだけに、早期に大量の資金を調達することは避けるべきです。

3 資本の拠出者の動機付けの仕組み

　会社は株主（資本の提供者）のものであり、社員の給与、および各種経費、税金を支払ったうえで残った資金はすべて株主が保有する権利があるという考え方があります。いわゆる所有と経営の分離で、会社の経営者といえども株主から経営を委任され、多くの資金を株主にもたらす責任があるとする**エージェンシー理論**です。

　創業間もない初期のベンチャー経営者は、この所有と経営が完全に分離しておらず、株主（資本の提供者）の立場でもあり、また、経営者の立場でもあります。大株主であり、社長であることが通常です。

　しかし、会社を成長させるために自己資金だけでになく、外部からの資金を受け入れる（増資を引き受けてもらい株主となる）と急速に立場が変わってきます。たとえば社長が1000万円の資金で会社を始めて、すぐ後にビジネスエンジェル投資家から3000万円の投資を受け入れるとビジネスエンジェル投資家が3倍の議決権をもつことになり、いわゆる「雇われ社長」となってしまい、株主総会でいつクビになるかわかりません。日本は資本主義国家であり、また株主総会では株主平等の原則に基づき、株主は所有株式数に応じて議決権を行使できます。

　一方で、おカネはないが技術やアイデア、実行力があるベンチャー経営者がいつまで経っても報われず、おカネをもっている株主（資本の提供者）が常に奪っていく構造が続きます。このような状況ではバカらしくてベンチャー経営者は命がけで仕事をしなくなるかもしれません。ベ

ンチャー経営者が汗して獲得した成果を、単なる出資金額の大小で配分するのではない分配方法はないものでしょうか。経営学ではこの状況を人的資本の拠出者（ベンチャー経営者）と物的資本の拠出者（外部の株主）との動機付けの仕組みと呼び、その支配の分配（経営権を誰がもつのか）と果実の分配（どのように配当や残余財産を分けるのか）を切り離した取り決めを編み出したのです。

（1）　ストックオプション

第1は**ストックオプション**（新株予約権）です。これは企業の役員や従業員が、一定期間内にあらかじめ決められた価格で所属する企業の株式を購入できる権利のことです。たとえば株価が1万円のときに発行されたストックオプションをもっていれば、数年後に株式の時価が上昇したときにストックオプションを行使すれば、その時期に増資に応じる外部株主よりも有利な持ち株比率となります。さらに株式が上場して10万円で取引されるようになっても1万円で株式を購入できます。したがって、上場してから1万円で株を購入して株式市場ですぐに10万円で売却すれば9万円儲かる仕組みです。

しかし、ストックオプションは給与所得とみなされ企業の経費となることや、税制適格となるための条件を満たす必要があるなど、設計には十分に留意すべきです。

（2）　増資時期をずらす

仕組みの第2は増資の時期をずらすことです。先述の、社長が1000万円の資金で会社を始めて、すぐ後にビジネスエンジェル投資家から3000万円の投資を受け入れる事例ですが、ほぼ同じ時期であれば会社の価値が変わっていないので1株当たりの株価は社長もビジネスエンジェル投資家も同じです。その結果、ビジネスエンジェル投資家が3倍の議決権をもつことになります。

これを同時期ではなく、たとえば大口顧客の受注を獲得した後とか、画期的な新技術の特許がとれた後に増資をすれば、会社の時価総額を上

げることができ、結果として1株の株価を上げることができます。先ほどの事例では会社の時価総額を当初の3倍として、1株の株価を3倍にできれば社長とビジネスエンジェル投資家の持ち株比率は同じで、社長は50％の議決権をもつことになります。

(3) 優先株式

仕組みの第3は種類株式の1つである優先株式を使うことです。**種類株式**とは剰余金の配当その他の権利の内容が異なる2種類以上の株式を発行した場合の株式をいいます。そのなかで**優先株式**とは、剰余金や残余財産の配当（分配）に関する地位が他の株主よりも優越する株式のことです。たとえば先の事例で配当優先株式をビジネスエンジェル投資家に発行し、普通株主よりも優先的に配当金をもらえる権利を与えるかわりに、社長が保有する株価を普通株式の3倍とすれば、この場合も社長とビジネスエンジェル投資家の持ち株比率は同じで、社長は50％の議決権をもつことになります。

(4) 多数議決権株式

仕組みの最後は、種類株式の1つである**多数議決権株式**を使うことです。最近の米国ベンチャー企業で流行っているものですが、日本での導入および株式上場では議論を呼んでおり、必ずしも認められているとはいえません。

ネット検索最大手の**Google**は2004年の上場に際し、共同創業者の**ラリー・ペイジ氏**（前最高経営責任者：CEO）らだけに議決権が通常の10倍ある種類株を交付しました。2011年に上場したクーポン共同購入サイト最大手の**Groupon**は150倍、交流サイト（SNS）向けゲーム大手の**Zynga**において創業者は通常の70倍、上場前からの株主は7倍という2種類、**Facebook**においてマーク・ザッカーバーグCEOら創業者は議決権が10倍の種類株を発行しています。外部株主から資金調達を行いつつ、経営の主導権確保を両立させる手法で、創業者らが一般株主の意向に左右されず、長期的な視点で経営にあたることを目的

とした制度です。従前の事例ですと社長には1000万円にて議決権3倍の多数議決権株式を発行し、ビジネスエンジェル投資家には3000万円の普通株式を発行すれば、持ち株比率は同じで、社長は50％の議決権をもつことになります（実際には設立時に多数議決権株式だけを発行することはできないので単純には使えませんが、設立後の追加増資の際に使ったり、無議決権付き株式と併用したりして活用できます）。

　これらの仕組みは適切に活用することが重要で、過度に使うことは危険です。従来の人的資本の拠出者と物的資本の拠出者との動機付けの仕組みである、支配の分配と果実の分配を切り離した取決めのフレームワークを逸脱する懸念があります。支配の分配と果実の分配を法的に区別するために、種類株式の利用が有用であるとされてきましたが、経営陣に大きな支配権を与えることが本当にすべての株主にとってメリットがあるかどうか（ベンチャー企業が急成長するのを期待して、しばらくは創業者たちが独裁的に振る舞うことを容認しよう、という一般株主と創業者たちとの利益相反などが十分ありうる）を、十分に、かつ慎重に検討する必要があります。

> Column　資金調達の成功の仕方
>
> 　二者択一（ジレンマ）は経営者がいつも悩むことですが、ワッサーマン教授は多くのスタートアップ企業の分析から、富を求める創業者の「大きなパイの小さな一切れ」のほうが、コントロールを求める創業者の「小さなパイの大きな一切れ」よりも取り分が大きいと主張します。CEOというポジションも取締役会のコントロールも維持している創業者が保有する経済価値は、双方を手放した場合における経済価値の52％の価値しかないといいます。CEOというポジションのみを維持した場合、取締役会のコントロールのみを維持した場合、の順に価値が高いといいます。しかもこの数値は創業年数にかかわらず、ほぼ一定であることが興味深いです。創業者が直面する富とコントロールのトレードオフが、発展を遂げるあらゆる段階で発生することを示

唆しています。

　筆者のこれまでの経験からすれば、この富とコントロールのジレンマの問題は創業者のエゴの強さと経営理念への思いの強さとのバランスともいえるものです。日本のファミリービジネスに多く見られる「無私の心」による社会への奉仕の精神があれば、この富とコントロールのトレードオフも解決できると確信しています。最近、**コーポレート・ガバナンス**（利害関係者によって企業を統制し、監視する仕組み。企業統治）が話題となっていますが、ベンチャー企業においても、外部投資家がいる企業は当然として、外部投資家がいない企業でも、会社が社会の公器と考えるならば自然とその重要性について理解できるものでしょう。

まとめ

1. 創業者は意思決定のコントロールを保有したまま経営を「それなりに」続けるか、それとも革新的なビジネスを急速に立ち上げ、社会に大きなインパクトを与えるために、将来の富と意思決定のコントロールを一部放棄するかの大きな二者択一（ジレンマ）をしなくてはなりません。
2. 増資のタイミングと増資の金額をあらかじめ計画し、持ち株比率の推移を予想することを「資本政策」と呼びます。1度増資を実行してしまうと後に戻れないことから、ベンチャー企業にとってこの「資本政策」を事前にしっかりとつくっておくことが非常に重要です。
3. 単なる出資金額の大小でない成果の配分について、経営学では人的資本の拠出者（ベンチャー経営者）と物的資本の拠出者（外部の株主）との動機付けの仕組みと呼ばれる、支配の分配（経営権を誰がもつのか）と果実の分配（どのように配当や残余財産を分けるのか）を切り離した取決めを編み出しました。

事前課題

1. 増資と借り入れはどこが違いますか？ 両者のメリット、デメリットを調べてください。
2. ベンチャー企業への資金提供者にはどのような人がいるのか、その人の特徴を考えてみてください。

さらに深く学びたい人のための文献案内

忽那憲治編著、公益財団法人日本証券経済研究所編『ベンチャーキャピタルによる新産業創造』中央経済社、2011年。
　　ベンチャーキャピタルの役割、投資手法、投資契約等についてよくわかる。

長谷川博和『[決定版]ベンチャーキャピタリストの実務』東洋経済新報社、2007年。
　　ベンチャーキャピタルの行動パターンやハンズオン支援のあり方について理論と実践を詳説。具体的にベンチャー経営者が資金調達する際やベンチャーキャピタリストなど支援者になりたい人の必読書。

ランダル・E・ストロス『eボーイズ——ベンチャーキャピタル成功物語』春日井晶子訳、日本経済新聞社、2001年。
　　インターネットオークションのeBayの起業を支援し株式公開にまで導いたベンチマーク・キャピタルの活動を詳細に知ることができる。

磯崎哲也『[増補改訂版]起業のファイナンス——ベンチャーにとって一番大切なこと』日本実業出版社、2015年。
　　事業計画、資本政策、企業価値など、ベンチャー経営者にファイナンス面で必要な項目を網羅している。

忽那憲治・山本一彦・上林順子編著『MBAアントレプレナー・ファイナンス入門——詳解ベンチャー企業の価値評価』中央経済社、2013年。
　　コーポレートファイナンスの理論を基礎とした起業家のための入門書。投資利回りなどの計算を、実際にエクセルでどのように入力したらいいかも掲載しており、非常に有用である。

ノーム・ワッサーマン『起業家はどこで選択を誤るのか——スタートアップが必ず陥る9つのジレンマ』小川育男訳、英治出版、2014年。

CHAPTER 9

ビジネスプランを
どのように作成するのか？

1 ビジネスプランのつくり方

ビジネスプランとは、これから始めようと考えている事業（あるいは始まって間もない事業）に関し、基本的なアウトラインを体系的にまとめた文章のことです。いわば事業の将来の青写真ともいえるものです。

このビジネスプランを作成する目的は以下の4点です。

①事業内容とその魅力を明らかにすることによって資金や人材その他の経営資源を獲得しやすくなること。
②事業内容を明確化することによって創業メンバー間での協力の基盤づくりを行うこと。
③起業家自身が事業の問題点や障害を確認し、事業の成功の可能性を高めること。
④事業の状況や進捗状況を管理するためのベースを置くことによって、その後の事業環境の変化等に応じた調整や変更の可能性を検討するたたき台とすること。

つまり、ビジネスプランを作成するのは、資金提供者や事業協力者の理解を求めるためだけでなく、起業家自らが安心して事業を推進していくためであり、起業リスクを軽減するための武器になるということを肝に銘ずるべきです。ビジネスプランは損益計算書やキャッシュフロー計算書の5年分の予測（標準ケースや楽観ケース、悲観ケースなどのシミュレーション）をつくることだと勘違いする人も多いでしょう。確か

にそのような財務シミュレーションも大切ですが、それを作成する前提や自社の強みなどを冷静に考えぬくことのほうが大切です。すなわち、起業リスクを下げるためには、最初に「経営理念」を固め、「事業アイデアのひらめき」を「アイデアの評価」として実施し「事業コンセプト固め」をした後に「ビジネスプランの策定」をするというステップを踏むことが大切なのです。いきなりビジネスプランを書こうとすると、「木を見て森を見ず」ということになり、起業リスクが高くなる（事業が失敗する）といえるでしょう。

2 リスクを下げるための作成ステップ

　ビジネスプラン作成プロセスは、図表9-1 に示したとおり、まずは「事業アイデアのひらめき」を幅広く集めることです。この段階では、現状への不満や疑問を中心に、従来の枠にとらわれない大きな発想で事業アイデア（一言でいい表せることができる程度）を考えることが大切です。次に「アイデアの評価」の段階です。ここでは思いついた多くの「事業アイデア」のなかから「他人がおカネを出してでも欲しい製品・サービスか？」「自分のやりたい理念や経営方針と合致しているか？」という質問を中心にして冷静に選別・選択することが大切です。こうして選択された「事業アイデア」を「事業コンセプト」に発展させることが次の段階になります。事業の概要、ビジネスモデル、製品・サービスの 4P（Product、Price、Place、Promotion）、強みや弱み、対象とする顧客、市場の規模や成長性、競争相手、必要とする資金量、中長期プランなどを A4 用紙で 1 ページ程度にまとめたものです。

　そしてこの「事業コンセプト」を先駆的顧客に見せたり、信頼する指導者やメンターからコメントをもらって内容を膨らませて、実行計画にまとめた「ビジネスプラン」（A4 で 20 〜 40 ページ程度）をつくり上げることとなるのです。

　すなわち、1 行程度で書けるいくつかの「事業アイデア」に対し「アイデアの評価」をして、A4 で 1 ページ程度の「事業コンセプト」にまと

図表9-1 ビジネスプラン作成ステップ

起業前の プロセス	1 事業アイデア のひらめき	2 アイデア の評価	3 事業コンセプト 固め	4 ビジネスプランの 策定 （戦略の策定）
アウトプット （考える こと）	多数の事業アイデア （思いつきレベル）	事業機会	事業コンセプト	ビジネスプラン
考えるため の問い	・現状への不満 ・現状への疑問 ・こうであったらいい のに ・こうしたい！	・自分がおカネを出し てでも買うか？ ・他の人がおカネを出 してでも買ってくれる か？ ・いままでの製品や サービスとくらべて新 しいか？	・「どのような顧客」の 「どのようなニーズ （価値）」を「いかなる 方法（能力）」で満た すのか？	・顧客は誰か？ ・どのような市場に参 入するのか？ ・製品・サービスの概 要は？ ・競争相手は誰か？ ・自分の強みは？ ・ビジネスモデルは？ ・業務モデルは？ ・必要資金は？ ・リスクは？ ・3年後、5年後ではど のように成長するの か？

（出所）総務省「ICTベンチャー・リーダーシップ・プログラム」141ページより。

めた後に、A4で20〜40ページ程度の「ビジネスプラン」を書くことになります。この過程では、何らかの立案される「仮説」（たとえば、お客様はこんな製品・サービスを欲しがっているはずだ、このルートで売れば売れるに違いない、など）の上に構築されている事業アイデアに対し、いろいろな先駆的顧客や創業メンバー、指導者やメンターのアドバイスや小さな市場テストを経て、「仮説の検証」がなされ、また「仮説の修正」がなされます。このステップこそが、起業リスクを低減させる秘訣であり、ビジネスプランを作成する本当の意義であると考えます。

3 記載すべき内容とポイント

　ビジネスプランに盛り込むべき内容は、主には図表9-2に示すようなものです。
　多くのビジネスプランを作成指導、選別、選択している筆者からみて、魅力的で良いビジネスプランは以下のポイントを押さえてあるものです。

図表9-2　主なビジネスプランの内容

	項目	主な内容・留意事項
1	エグゼクティブサマリー	1ページに、本事業がいかにすばらしいかや、勝ち続けるための独自の優位性が明確になるように記述すること。
2	会社概要	代表者名、住所、ホームページ、設立年、発行済株式数、主要株主、従業員数、主要取引先など。いまだ会社を設立していない場合には省略してよい。
3	主要経営陣の略歴	単に略歴を書くだけでなく、このような創業メンバーが揃っているなら大丈夫だ、と思えるように、これまでの実績や強みを各人別に記入する。
4	理念、事業ビジョン	事業に対するミッション(使命)や経営のフィロソフィー(哲学)などを明確に記述する。事業を通じて何を達成したいのか、株主、顧客、従業員に対してどのように貢献するのか、を明らかにする。
5	商品・サービスの特徴とビジネスモデル	製品・サービスの特徴を図や表を使ってわかりやすく記述する。とくに従来製品にくらべてどこが、どのくらい違うのかを明確にする。また、ビジネスモデルはモデル図にして、誰に対してどのような製品・サービスを提供し、誰から収益を獲得するかを明らかにする。
6	顧客・ユーザー特性	ターゲットとする顧客は誰か、その顧客の真のニーズ、困っていることは何か、それらの顧客の特性に対してどのように自社の製品・サービスを認知／選択させるのか、を明確にする。
7	市場規模や市場の成長性	5年後の市場規模はどのくらいか、市場はどこまで成長するのか、どのような調達先／取引先があり力関係はどのようになっているのか、新規参入／代替品の可能性はどのくらいあるのか、について想定したことを記入する。
8	差別化の内容	製品／サービスについて、その特性や会社の強み・弱みの分析が必要である。競合に対してどのような価格や品質で対抗するつもりであるかについて説明する。数ある競合に対して、自社の製品／サービスのポジショニングマップを作成することも重要である。また、差別化を持続するための方策についても記述することが望ましい。マーケティングの戦略、製造に関する計画、知的所有権に関する計画、研究開発の重点分野などについても記述する。
9	事業成長のステップ	成長のためのステップを、ステップ0.5、ステップ1、ステップ2、ステップ3のようにマイルストーン(明らかな成長の節目)を設けて記述する。たとえば、ステップ0.5で知人50人への販売で実績とサービスの向上を図る、ステップ1で関東圏の販売、ステップ2で全国販売とインターネット販売の拡大、ステップ3では英語版のインターネット販売を強化して、世界向けの販売を50％以上とする、などが事例である。そのステップごとに、具体的な売上高、利益目標とその目標を達成するために必要な戦略を段階を追って記述する。
10	財務状況および予測	損益計算書、貸借対照表の5年間予想をするが、その前提条件を明確に示す必要がある。たとえば1店舗当たりの売上高と店舗数とか、単価と数量を地域別や製品別に予測する。標準的な予測に加えて、楽観的な予測と悲観的な予測の3通りを明示し、どのような条件が起こったらどのような財務予測になるかを読み手にイメージさせることが重要である。

11	キャッシュフロー予測および必要資金計画	上記の損益計算書、貸借対照表の5年間予想を達成するために必要な資金を予測して5年先までのキャッシュフローを示す。そのなかで銀行からの借入金と増資などの外部調達の必要資金を明確にする(資本政策表を作成する)。また、今回の資金調達の条件などが決まっていたら、その調達条件や将来の資金調達の方針などを記入する。
12	想定されるリスクと対応策	現時点で想定されるリスクと、そのリスクに対してどのような対策を打とうとしているかを明確に記述する。
13	補足資料	図表やユーザーへのアンケート／ヒアリングの結果、製品／サービスの技術資料、製品カタログ、関連のHP等、本文に載せると冗長になるような資料を補足資料として付け加える。

(出所) 筆者作成。

(1) 経営理念がしっかりしていること

ビジネスプランの執筆者が「なぜこのビジネスを始めようとしたのか？」「ビジネスを通じて社会にどのような価値を提供したいと思っているのか？」などが明確に書いてあることが大切です。

(2) 仮説の立案─検証─修正ループが何度かなされていること

最初から完璧なビジネスプランを書こうとする必要はありません。むしろ、稚拙であっても、経営者自身の頭で考え抜かれたものであることが求められます。とくに、顧客の定義と顧客がなぜこの製品・サービスを必要とするか、いわゆる「顧客への提供価値」を客観的に考えることが重要です。

(3) 自社の強みと弱みが明確になっていること

「このビジネスを最初に手掛けるのは、なぜわれわれのグループが適任なのか？」「われわれのグループは他社との差異がどこにあるのか？」という内容を明確に書くべきです。

(4) マイルストーンがしっかりとしていること

ビジネスプランのなかには、想定したビジネスを実現するために、どのようなスケジュールで経営資源を確保していくのかを明確に示すべき

図表9-3　失敗するビジネスプラン

	内容
1	特許などの技術的解説ばかりで、ビジネスモデルがほとんど記述されていない。
2	良い製品・サービスを供給すれば売れるに決まっているという前提に立っている。
3	このビジネスモデル、サービスを提供するのは自社が唯一であると断定している。思いついたのがいちばん早いことが、成功する唯一の要因ではない。
4	将来に対する仮説がない。あってもその仮説立案ー検証ー修正を行った形跡がない。
5	自社だけで成功すると考えている。仕入先や販売先、提携先、メンター、相談相手などの手助けが必要であることを考えていない。
6	なぜこのビジネスをしたいか、どのようなことを実現したいかが不明確。理念や信念が不明。起業をゲームのように考えている。
7	「絶対に」「必ず」「唯一」「他社にはない」という表現が多い。世の中に確定的なことはない。
8	経営陣についての記述が少ない。誰がこのビジネスをするのか、なぜこのメンバーが行うと成功するのかがわからない。
9	逆に経営陣の過去の経歴がいかにすごいかを強調しすぎている。経営陣同士の関係性がわからない。有名人を寄せ集めた、あるいは名前だけ借りたケースもある。
10	あまりにもきれいなビジネスプランであり、プロに作成してもらった形跡がある。いくつか質問すれば自分で考え抜いたビジネスプランか、それとも単に形をつくったものかはすぐにわかる。
11	想定されるリスクやその対応策が考え抜かれていない。計画が未達の場合にどのように修正するかを考えていない。
12	資金計画が甘い。自分たちの資金がほとんど入っていない一方で、外部の資金を有利な条件で調達することを想定している。

（出所）筆者作成。

です。また、今後、想定される事業展開において、企業成長の過程で節目となるような大きな事象（マイルストーン）を明確にして、そのマイルストーンの時期に合わせて経営計画をつくることが重要です。

　このようにビジネスプランは、未確定な事業を進めるに際しての道しるべであり、また実際に始めると想定外のことが多く起こりますが、そのときに対応する基本的な考え方を示したものです。財務シミュレーションも大切ですが、それを作成する前提や自社の強みなどを冷静に考え抜くことのほうが大切であることを肝に銘ずるべきなのです。

　一方で、失敗するビジネスプランは図表9-3のようなものです。成功事例の裏返しとなる内容ですが、十分留意してほしいものです。

Column　ビジネスプランは10回以上書き直せ

　ビジネスプランを作成するのは、資金提供者や事業協力者への理解を求めるためだけでなく、起業家自らが安心して事業を推進していくためであり、起業リスクを軽減するための武器であるということを肝に銘ずるべきです。革新的なビジネスモデルであればあるほど、成功確率は低くなります。その成功確率を上げるためにはしっかりと仮説を立て、それを素早く実行して結果を観察し、分析、反省して、次の修正仮説を立てることが重要です。信頼できる創業メンバーやメンターなどにも見せ、批判的な意見にも耳を傾けて素直に取り入れる度量も必要になってくることでしょう。それほどビジネスプランを作成することは、ベンチャー企業だけでなく、大企業の新規事業を始めるときでも、作成する人が魂を込めて全力で作成するべきもので、非常にむずかしいことなのです。

　一方で、「リーン・スタートアップ」という言葉もあるように、素早くビジネスを立ち上げることも大切です。ビジネスプランを作成するのに時間をかけるあまりに、ビジネスのタイミングを逃してしまうのは本末転倒です。そのバランスがむずかしいところです。さりとて、ビジネスプランを何も作成しないですぐにビジネスを立ち上げれば成功確率が低くなります。筆者は最低でもビジネスプランを10回は書き直してほしいと主張します。

　また、ビジネスプランの読み手は、その目的ごとで変わることに留意すべきです。読み手としては、ベンチャーキャピタル、エンジェル、銀行、自社の新規事業を判断する経営者、（潜在的な意味も含めて）従業員、人材紹介会社、補助金や許認可を検討している公的機関、新規に取引を開始する仕入れ先や販売先、業務提携を検討している取引先などもあるでしょう。

　このような目的の異なる多くの読み手に対して、最大公約数的なものを念頭におきながらも、読み手の関心に合わせたポイントを絞り、その濃淡をつけることが大切です。ドラマに出てくるような「二重帳

簿」や「裏の隠し手帳」などを作成することを推奨しているわけではなく、読み手の立場になってわかりやすく記述することの重要性を述べているのです。

> **まとめ**
>
> 1. ビジネスプランを作成するのは、資金提供者や事業協力者の理解を求めるためだけでなく、起業家自らが安心して事業を推進していくためであり、起業リスクを軽減するための武器になります。
> 2. 1行程度で書けるいくつかの「事業アイデア」に対し「アイデアの評価」をして、A4で1ページ程度の「事業コンセプト」にまとめた後に、A4で20〜40ページ程度の「ビジネスプラン」を書くことになります。
> 3. ビジネスプランは、経営理念がしっかりしていること、仮説の立案—検証—修正ループが何度かなされていること、自社の強みと弱みが明確になっていること、マイルストーンがしっかりとしていること、が大切です。

事前課題
1. 成功するビジネスプランはどのようなものであるか、どのような要素を盛り込んでいることが重要か、について、本テキストを参考にしながら自分の考えをまとめてみてください。
2. 次回第10章で第2回のビジネスプラン発表をします。その準備を今回からしておいてください。

さらに深く学びたい人のための文献案内
グロービス経営大学院『[新版]グロービスMBAビジネスプラン』ダイヤモンド社、1998年。

ビジョンとビジネスシステムから事業シミュレーションまで詳細な解説があり、もう少しビジネスプランについて学びたい人には最適。

総務省「事業計画作成とベンチャー経営の手引き」2008 年。
　　総務省で作成したビジネスプランのつくり方であり、非常にわかりやすい。総務省のホームページからパワーポイント資料がダウンロードできる（http://www.soumu.go.jp/main_content/000170365.pdf）。

クリス・アンダーソン『TED TALKS ――スーパープレゼンを学ぶ TED 公式ガイド』関美和訳、日経 BP 社、2016 年。
　　効果的なプレゼンテーション、やってはいけない NG プレゼンテーションなどを紹介している。

CHAPTER 10

支援者には
どのような人がいるのか?

ケース　ジンズ 田中仁──現代の松下村塾

　株式会社ジンズの田中仁社長が個人として始めた群馬県での取組みは、群馬の地から次世代を担う起業家を発掘、育成し、起業やイノベーションを通じて地域を元気にしていくことを目的に、2013年から群馬イノベーションアワードとして開始されました。2016年には高校生、大学生、地元の起業家に加えて、東京などで働きながらも地方で創業したい若者なども含め120件のビジネスプランが集まり、それを選抜、経営指導して最終発表会につなげています。地元への起業家精神の浸透も進み、最終ビジネスプラン発表会には123人に上る聴衆が集まりました（図表10-1）。筆者は東京でも多くのビジネスプラン発表会に参加していますが、群馬イノベーションアワードの参加者の多さと熱気は類を見ないものでありました。

　2014年からは筆者が講師となって具体的な起業の進め方や経営の要諦などを約1年間講義する「群馬イノベーションスクール」も開校し、2016年には3期生として31人の若きイノベーターを生み出しています。今後はイノベーションアワードとイノベーションスクールが両輪となって改革が進んでいくことでしょう。

　前橋市出身の田中社長が地域からイノベーションを起こしたいと始めた活動が、上毛新聞社やコシダカホールディングス、相模屋食料など地元経営者、群馬銀行などの金融機関、県や市、商工会などの後援、協賛などを通じて大きなうねりを起こし始めています。石川県や岡山県でも同様のイノベーションスクールが始まりました。

図表10-1　群馬イノベーションアワード

（出所）群馬イノベーションアワードHP（www.gi-award.com）。

　この活動のテーマは「求む、出る杭！」となっており、活動の中心人物が自ら「出る杭」であることが重要です。「自立する地域づくり」は行政主体である必要はなく、熱い個人の役割が大きいと考えます。これはさながら吉田松陰が「松下村塾」を起こし、そこから多くのイノベーションが起こったことを思い起こさせます。長州藩には藩校の「明倫館」がありましたが、熱い個人が開いた「松下村塾」のほうが本当の革新を社会に起こす起爆剤になりました。現代の日本のベンチャー市場でも、地方にいる熱き指導者に率いられた多くの起業家が活躍することを期待したいものです。

1　多くの利害関係者

　ベンチャー企業およびその経営者を取り巻く利害関係者たちを「**アントレプレナー・フォーメーション**」と定義します。とくにベンチャー企業を取り巻く利害関係者として、出資者、経営陣・従業員、市場および顧客の3つが挙げられます。その3つの利害関係者との協創関係を効率化させるための方策としては、①ベンチャー企業のビジネスモデル全体の戦略構想、②革新的プラットフォームの提供、③市場および顧客に対する付加価値創造活動、④出資者および経営陣・従業員に対するイノベーション活動、⑤組織間学習による知識創造の活性化とフィードバッ

図表10-2 アントレプレナー・フォーメーション

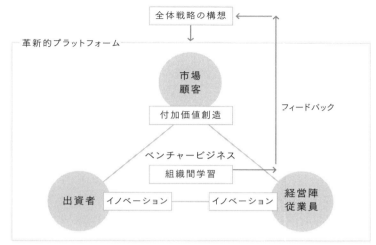

(出所) 長谷川博和『ベンチャーマネジメント [事業創造] 入門』日本経済新聞出版社、2010年より。

ク、の5つがあります（図表10-2）。

　アントレプレナー・フォーメーションには債権者（仕入先、製造委託先、下請先、借入金融機関）や経営陣・従業員、専門家（弁護士、公認会計士、税理士、証券会社、弁理士、社会保険労務士など）も含まれますが、以下ではその主な利害関係者の出資者との関係について考えます。

（1）両親、家族、友人

　最初にあなたのビジネスにリスクをとって投資してくれるのは、3F（Founder、Family、Friends）です。人間関係を壊したくないから父親や妻、古くからの友人には出資してもらいたくない、というのも一理ありますが、ビジネスプランの中身もさることながら、アントレプレナーの人間を信頼して投資してくれるのは日本でも米国でも中国でも3Fが最初でしょう。

（2）メンター

　メンタリング（Mentoring）とは、人の育成、指導方法の1つであ

り、指示や命令によらず、**メンター**（Mentor）と呼ばれる指導者が、対話による気づきと助言により、被育成者たるプロテジェ（Protégé）ないしメンティー（Mentee）の自発的・自律的な発達を促す方法です。プロテジェがメンターから指導・支援・保護されるこの関係をメンター制度（Mentor System）ないしメンターシップ（Mentorship）と呼ぶこともあります。これをさらにベンチャー企業について述べると、ベンチャー企業に対して、継続的・定期的に交流し、信頼関係を作りながら、原則として無報酬で諸活動を指導・支援する先輩、指導者、助言者のことを「ビジネスメンター」と呼び、重要な役割になります。

（3）ビジネスエンジェル

ビジネスエンジェルとは、ベンチャー企業を支援する個人投資家です。専門家としてのネットワークをもち、単なる出資だけでなく、事業を軌道に乗せるためのアドバイス機能ももっています。

米国では400万〜500万人いる資産家のなかで、アクティブに行動できる人が25万〜50万人いると推測されます。そのうち実際にビジネスエンジェルとして投資しているのは10万〜12万人ほどであり、その投資金額は年間数兆円であるといわれています。

日本の場合、人数も投資金額も米国にくらべると非常にわずかで、大きな課題です。今後は拡大することが望まれます。

（4）ベンチャーキャピタル

ベンチャー企業へのプロの投資家として、資金提供だけでなく経営の要諦を指南するなど、**ベンチャーキャピタル**の役割は大きいものです。信頼できるベンチャーキャピタリストに早い段階から相談に乗ってもらうべきです。増資をしてもらうための猶予期間は、最低でも2カ月程度を見て準備したほうがよいでしょう。

(5) 取引先

　取引先、とくに顧客を株主に入れることは、取引の安定性をもたらすとともに、ベンチャーキャピタルのように株式公開の可能性を厳密に計算して投資するわけではないので、有意義です。大企業が顧客として株主に入ってくれることは売り上げの増加につながるだけでなく、ベンチャー企業の信用力の拡大にもつながり、メリットは大きいのです。ベンチャーキャピタルのなかには、大企業が顧客として入っていることが投資する有力な条件になっているところもあります。しかし、ビジネスモデルが固まって、ある程度複数の取引先が確保できる前に、単独で顧客企業を株主に入れることは、取引条件をきびしく交渉できなくなることや、他の顧客への納入が制限されたりすることから、なるべく避けたほうがいいともいえます。

(6) 従業員・従業員持株会

　社員および従業員組合に株式をもたせることも、売却を予定しない安定した株主づくりという面と、株式公開すれば株式が大きな資産価値をもつため、社員が必死に働くというようなインセンティブにもつながります。しかし、ベンチャー企業のスタートアップ期や急成長期などにおいては、退社する社員も多く、退社時に保有する株式の買い取りの有無、買取価格の交渉でもめることが多いものです。会社が安定成長期に入った段階での従業員持株会での持株は問題ないですが、早い時期での従業員への株式配分には十分、留意したほうがいいでしょう。

　このようにベンチャー企業には多くの利害関係者がいますが、ベンチャー経営者はこれらの利害関係者と本当に真摯に向き合うことが重要です。外部の有力者、有力企業は自分の経営資源、とりわけ信用がみすみす無駄になるのをよしとしません。創業したばかりの経営者ならびに会社を支援してやろう、こいつは見所がある、という気にさせる必要があります。もちろん、経営者として素直で、先輩経営者に教えを請う、という真摯な姿勢も当然、必要です。たとえば株式会社**リブセンス**（イ

ンターネットメディア運営）の**村上太一**社長は礼儀正しく誰もが好感を抱きます。つらいときでもいつもニコニコ笑顔でいるのです。自分の理想や要求次元が高く、社員や周りの人を鼓舞しようとの思いのあらわれでしょう。外部の先輩経営者たちはリブセンスの新しいビジネスモデルだけでなく、このような経営の姿勢を評価して初期の頃から支援を惜しまない人も多いのです。見習うべきでしょう。

2 地域の支援者としてのファミリービジネス

　個性のある地方都市が経済的に自立することが必要です。地方に本社があり、やりがいのある雇用の場を増やすことが求められています。そのためにベンチャー企業やニュービジネスの創出が重要であり、クラスターをつくり、新しい地域社会をつくっていく動きが出始めています。

　従来はこのような地域活性化、クラスターづくりは都道府県や地域の商工会議所などの公的な団体が予算や補助金を使って進めてきましたが、なかなか本格的な成果を生み出すまでには至っていません。これからはイノベーションを地域から起こそうという情熱をもつ個人、および**ファミリービジネス**が変革を生み出す流れが大きくなると考えます。

　たとえば、新潟県を中心に専門学校、学習塾、高校、大学、専門職大学院を擁するNSGグループの池田弘氏が支援して新潟地域で多くのベンチャー企業が生まれています。また、徳島県神山町のNPO法人グリーンバレーの大南信也理事長の活動が10社を超えるベンチャー企業の集積を生み、それが近くの美波町など周辺地域でのベンチャー創業につながっています。

Column　2回目のビジネスプランの発表──伝えたいことを効果的に伝える

　10回目の本授業では、各グループで2回目のビジネスプランを発表しましょう。詳細な行動計画である必要はなく、簡単なビジネスアイデアでかまいません。最低でもチーム名、経営理念、行おうとするビ

ジネスの概要は入れてください。今回は各グループ３分ずつ発表してもらいます（前回は２分でした）。パワーポイントやワードを使ってもいいですし、資料はなく演説だけでもかまいません。これまでの授業で学んだことに留意して、みなさんが伝えたいことをしっかりと伝えてください。先生はタイマーで厳密に時間を計り、３分でベルを鳴らして途中でも強制的に発表をストップさせてください。

　今回は内容もさることながら、伝えたいことを効果的に伝える工夫をしてみてください。たとえば、１人が発表するだけでなく、メンバーで手分けして発表する、経営理念から入るのではなく聴衆への質問・問い掛けから始める（最初の１分で笑わせられれば最高!!）、ビジネスの将来の発展をイメージできるような写真を入れる、実際の製品・サービスのモックアップ（模型、デモ版）をつくって見せてみる、またはモックアップを使用している動画を撮る、モックアップを対象となるユーザーに見せて、その感想コメントまたはアンケートを載せる、インタビューの様子を動画に撮る、簡単なサイトをつくったりアプリを GooglePlay や App Store に載せてみる、大学教授やベンチャーキャピタリスト、業界の権威者にビジネスプランを見てもらい、そのコメントやそれを受けて修正した点をプレゼンテーションに反映させる、仮説立案－検証－修正した点を明確にする、などが考えられます。

　伝えたいことを効果的に伝えるための参考として YouTube で「**TED**」と検索すると、多くの効果的なプレゼンテーションが出てきます。お手本にして何か取り入れてみてください。共通しているのは聴衆の目を見て語りかけていることで、少なくとも下を向いて原稿を読み上げるようなことはしないでください。

> **まとめ**
>
> 1. ベンチャー企業およびその経営者を取り巻く利害関係者たちは「アントレプレナー・フォーメーション」と定義されます。とくにベンチャー企業を取り巻く利害関係者としては、出資者、経営陣・従業員、市場および顧客の3つが挙げられます。
> 2. これからはイノベーションを地域から起こそうという情熱をもつ個人、およびファミリービジネスが、変革を生み出す主流となるでしょう。

事前課題

1. ベンチャー企業の支援者にはどんな人がいるのか、あなたの周りにいるか、考えてみてください。
2. 第2回のビジネスプラン発表をします。各グループでビジネスプランの作成・発表の準備をしてください。

さらに深く学びたい人のための文献案内

ハイジ・メイソン／ティム・ローナー『ベンチャービジネスオフィス　VBO──コーポレートベンチャリングの新しいモデル』山田幸三ほか訳、生産性出版、2004年。
　　企業内ベンチャーの育て方、コーポレートベンチャーの成功事例・失敗事例などをもとに4つのステージを提唱する。

長谷川博和『[決定版] ベンチャーキャピタリストの実務』東洋経済新報社、2007年。
　　ベンチャーキャピタリストのパフォーマンスを向上させるための仮説を提示。ベンチャー・エコシステムの構築をどのように行うかも詳説。

湯川抗『コーポレートベンチャリング新時代──本格化するベンチャーの時代と大手ICT企業の成長戦略』白桃書房、2013年。
　　日本の大手ICT企業がコーポレートベンチャリングを活用したオープン・イノベーションの方法を推進する状況を説明。

中村裕一郎『アライアンス・イノベーション──大企業とベンチャー企業の提携：理論と実際』白桃書房、2013 年。
　富士通で実際にベンチャー企業との提携に携わっていた著者が日本的経営、提携、組織間関係の実際を記述しており、有用である。

PART 3 成長マネジメント
——いかに成長し続けるか？

CHAPTER 11

キャッシュ・フローを
いかに厳密に管理するか？

ケース **インクス**

> 株式会社インクス
> 代　　表：代表取締役　山田 眞次郎（やまだ しんじろう）
> 　　　　　（当時）
> 設　　立：1990 年 7 月
> 本　　社：東京都千代田区（当時）
> 従業員数：約 400 人（2008 年 12 月末）
> 民事再生申請：2009 年 2 月（負債総額約 147 億円）
> 売　上　高：111 億円（2006 年度、ピーク）
> 営業損失：▲19 億円（2008 年度）

「これまで 45 日かかっていた携帯電話の試作用金型が 45 時間でできる」「アルバイトでも金型がつくれる」——。

　こんなうたい文句で、金型業界の注目株に上り詰めた**インクス**が 2009 年 2 月 25 日、民事再生法の適用を申請しました。負債総額は約 147 億円に上りました。

　インクスは 1990 年、三井金属鉱業で米クライスラー車のドアロックを設計していた山田眞次郎氏（1974 年青山学院大学理工学部機械工学科卒業）が部下ら 6 人と設立しました。

117

試作や金型製作は従来、ベテランの職人に頼る手間のかかる作業でした。ものづくりの核ともいえるこの作業に、インクスは光造形技術によって革命を起こすことをねらいました。光造形技術とは、3次元CAD（コンピューターによる設計）の設計データに従いレーザー光が樹脂に照射されると、複雑な立体モデルが短時間で浮かび上がるものです。3次元CADを使うことで、何度も設計図をつくり直す手間をなくし、CADのデータから直接に「試作」や「金型製作」ができるようにしたのです。いまでいう「3Dプリンター」の原型です。

　インクスは顧客の3次元CADデータから簡単に金型設計ができるソフトを自社開発したのをきっかけに業績を伸ばしました。熟練工の匠(たくみ)の技をデータベース化するなど日本のものづくりの強さをITで実現して金型産業の革命児と呼ばれ、2005年には「ものづくり日本大賞」経済産業大臣賞を受賞しています。円高から空洞化する日本のものづくりが生き残る方策として、多方面から注目されていたのです。

　1996年からは、高速金型製作の研究を開始。1998年には自社高速金型センターを設置し、金型製造受託を開始したことで業容を急速に拡大しました。センターを相次いで拡充して、携帯電話業界向けの3D金型製造部門の受注が伸長したほか、自動車業界向けの金型製作に関する「プロセス・テクノロジー」を用いたコンサルティングも伸長しました。国内大手企業をはじめ、欧米を中心とした海外企業にも営業基盤を有し、2006年12月期の売上高は約111億3900万円となるまでに成長したのです。

　インクスはこの勢いに乗って、先行投資を加速させていきました。

　まずは自社で金型製造工場を設立しました。当時の売上高の半分に当たる推定50億円を投じて、長野県茅野市に自社工場を2006年10月に完成させています。ものづくりを原点から見直すという意味を込めて「零工場」と名づけ、24時間無人で金型を生産できる設備としました。延べ床面積8500平方メートルの生産ラインに人影はなく、ロボット6台、切削加工機14台、ワイヤ加工機4台が24時間稼働。東京の本社から3次元CADでデザインした設計データを送信すると、工作機械が

金属塊を削っていきます。既存工場は携帯電話の試作金型など同じ金型を量産してきましたが、ここでは毎回、形状や加工精度が異なる金型を機械が自分で判断して加工するのです。全工程を管理するネットワーク・システムが遊んでいる機械を見つけると作業を割り振るなど、生産性を極限まで高めました。

また、優秀な人材の採用に注力し、その獲得のためもあって豪華な本社に移転しました。川崎市高津区のベンチャー支援施設内にあった本社を、1998年には東京・新宿の東京オペラシティに移転し、さらに2007年からは新丸の内ビルディングという超一等地に移しました。年間支払賃料は約13億円かかったといわれています。本社には事業の稼ぎ頭となったコンサルティングなどに使う豪華なプレゼンテーションルームを設け、日本を代表するメーカーの社員などに、ものづくりの革新を説きました。インクスは3次元CADデータの作成、3次元CADの教育事業やオペレーターの派遣事業なども始めて、金型関連業務に必要なものをすべてワンストップで受注することを目指しました。

しかし、2008年後半に入って、米国の金融危機をきっかけに自動車業界が深刻な不況に陥ると、その積極的な事業展開が裏目に出ます。売上高全体の6割を占めるようになっていた自動車業界向けの試作やコンサルティングの売上高が急減したのです。このため、家賃や人件費などをまかないきれなくなりました。機械設備の売却、従業員の転籍など事業の再構築を図っていましたが、受注環境は改善せず、自力での再建を断念し、民事再生を申請するに至りました。日本発世界標準となるベンチャー企業と期待されていたのですが、残念な結果となってしまったのです。

もともとのインクスのビジネスは、3次元CADデータから簡単に金型設計ができるソフトをもとに、自動車業界、携帯業界へのコンサルティングをすることであり、大きな設備投資が必要ない、非常に利益率の高いモデルでした。それが単なるコンサルティング事業から自社で金型を製造する事業へと進展し、装置産業化していきました。その時点では多くの営業キャッシュ・フローの継続を前提にして、借入れによる

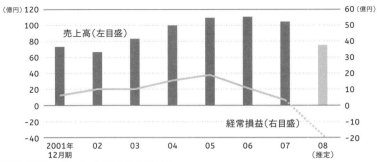

図表11-1 インクスの業績推移

(出所)『日経トップリーダー』2009年5月号より。

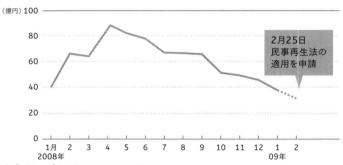

図表11-2 インクスの現金預金推移

(出所)『日経トップリーダー』2009年6月号より。

　財務キャッシュ・フローの調達を急増させることによって投資キャッシュ・フローをまかなっていたと推定されます。しかも、先行投資となる投資キャッシュ・フローとその調達としての営業キャッシュ・フロー、財務キャッシュ・フローのバランスがあまりにも偏っていました。将来の経営環境の変化も含めて、キャッシュ・フロー予測を十分にしておく必要があったといえるでしょう(図表11-1、図表11-2)。

図表11-3 キャッシュ・フロー計算書と損益計算書の違い

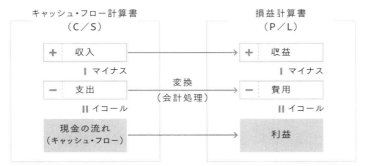

(出所)総務省「ICTベンチャー・リーダーシップ・プログラム」319ページより。

1 キャッシュ・フローの厳格な管理

キャッシュ・フロー計算書(Cash Flow Statement)とは、現金の出入り(資金繰り)の状況を表しており、現金の流れから事業の価値をとらえようとする財務諸表です。また、キャッシュとは「現金および現金同等物」のことで、現金、流動性預金、短期の定期性預金や短期保有の有価証券を指します。これらのキャッシュがどのように増減したのか、キャッシュ・フロー計算書から読み取ることができるのです。損益計算書とキャッシュ・フロー計算書はともにフローを表したものですが、損益計算書はキャッシュ・フロー計算書が「進化」したものです。キャッシュ・フロー計算書は現金の出入りを「そのまま」記載したもので、イメージは「お小遣い帳」や「家計簿」です。資金として定義された「現金及び現金同等物」の増減変化の内容を表示する財務諸表といえるでしょう。一方損益計算書は企業活動の状態を反映するため、期間配分や発生主義(実際には現金の収支がなくても将来的な収益に結び付く経済価値があるかどうかに着目して、費用や収益を計上する会計基準)を加味するようにさまざまな計算(会計処理)を実施したものです(図表11-3)。

キャッシュ・フロー計算書は、「営業活動によるキャッシュ・フロー」「投資活動によるキャッシュ・フロー」「財務活動によるキャッシュ・フ

ロー」の3つの区分に分けられ、計算されます。

(1) 営業活動(operating activities)によるキャッシュ・フロー

営業活動によるキャッシュ・フローは、本来の営業活動によって獲得される現金および現金同等物の増減を表しています。具体的には、直接法と間接法の2種類の計算方法があります。

① 直接法

売り上げによる収入、売上原価および人件費等の経費支出などをそのまま、直接的に記載し、キャッシュ・フローを計算する方法です。実際の資金の出入りをそのまま記載するため、現金の流れはわかりやすい反面、作成に非常に手間がかかります。

② 間接法

営業活動による現金の出入りを直接的に示すのではなく、損益計算書の「税引前当期利益」を出発点にして、貸借対照表などを参照し、各種の調整をしながら間接的に作成する方法です。損益計算書や貸借対照表ですでに計算が終了した数値をベースに作成するため、作成が容易であり、そのため、間接法で作成する企業が一般的です。

営業キャッシュ・フロー＝税引前当期純利益＋減価償却費
　　　　　　　　　　　＋営業債権減少＋棚卸資産減少
　　　　　　　　　　　＋仕入債務増加

(2) 投資活動(investing activities)によるキャッシュ・フロー

投資活動によるキャッシュ・フローは、主に固定資産の取得や売却によるキャッシュの流れを表しています。工場建設などの投資を行えばキャッシュを使うことになるので、投資キャッシュ・フローはマイナスになります。逆にプラスの場合は、工場などを売却していることになります。もし営業キャッシュ・フローがマイナスで、投資キャッシュ・フローがプラスであれば、本業で利益が上がらずリストラを進めている苦しい状態である可能性があるということになります。

基本的には投資が必要な企業、または成長のために投資をする企業

は、投資キャッシュ・フローがマイナスになるので、プラスとマイナスのもつ意味をしっかりと理解しておく必要があるでしょう。

（3） 財務活動（financing activities）によるキャッシュ・フロー

財務活動によるキャッシュ・フローは、資金の調達と返済によるキャッシュの流れを表します。新たにお金を借り入れればキャッシュが増えるのでプラス、返済すればキャッシュが出ていくのでマイナスとなります。また、新たに株式を発行して資金を調達する場合もキャッシュが増加するのでプラスになり、逆に企業が自社株買いをすればマイナスとなります。

【練習問題】
以下の情報をもとにしてキャッシュ・フロー計算書をつくりなさい。

(1) 損益計算書（単位：千円）

	当期
売上高	1,500
（減価償却費）	60
営業利益	130
経常利益	120
税金等調整前当期純利益	100
（設備投資額）	160

(2) 貸借対照表（単位：千円）

	前期末	当期末		前期末	当期末
現金預金	100	80	短期借入金	200	180
売上債権	200	300	仕入債務	150	200
棚卸資産	150	200	その他流動負債	100	200
その他流動資産	100	200	長期借入金	300	400
固定資産	500	600	資本金	100	100
			剰余金	200	300
資産の部 合計	1,050	1,380	負債資本合計	1,050	1,380

（解答は、章末に示しました。なるべく見ないで作成してください。）

2　キャッシュ・フローによる企業の成長段階

　ベンチャー企業が創業してから成長を続け、やがては成熟して衰退する、という一連の成長段階（growth stage）を俯瞰したとき、いま自

図表11-4 成長段階とキャッシュ・フロー

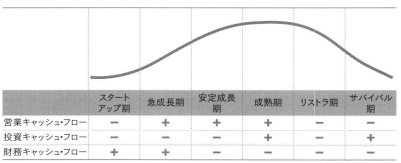

	スタートアップ期	急成長期	安定成長期	成熟期	リストラ期	サバイバル期
営業キャッシュ・フロー	ー	＋	＋	＋	ー	ー
投資キャッシュ・フロー	ー	ー	ー	＋	ー	＋
財務キャッシュ・フロー	＋	＋	ー	ー	ー	ー

（出所）筆者作成。

　分の会社がどの段階にあるのかをキャッシュ・フロー計算書の分析で把握しておくことが大切です。単年度の決算書だけではわかりにくいかもしれませんが、2～3年の期間をもって、その間のキャッシュ・フローをとってみると理解がしやすいでしょう。企業の成長段階ごとのキャッシュ・フローをまとめると図表11-4のようになります。

　まず、スタートアップ期は、営業キャッシュ・フロー、投資キャッシュ・フロー、財務キャッシュ・フローは順に「マイナス、マイナス、プラス」です。新規の設備投資に積極的であり、また、資金調達面では外部からのサポートも得られていますが、営業活動からの果実を得るまでに至っていません。

　次に、急成長期になると、キャッシュ・フローは「プラス、マイナス、プラス」となります。これは売上高が急速に伸びることによって営業キャッシュ・フローはプラスに転じますが、設備投資が積極的で、営業キャッシュ・フローを上回る資金需要があります。不足分は外部からの増資など、財務キャッシュ・フローで補っています。

　さらに段階が進むと、安定成長期に入ります。この段階でのキャッシュ・フローは「プラス、マイナス、マイナス」です。これまでの成果が実り、営業活動は順調で、それにより得た営業キャッシュ・フローを今後の成長に向けた投資や有利子負債の圧縮による財務体質の強化に充てたり、株主への配当を増やしているという、最も望ましい段階です。

この安定成長期を過ぎると、成熟期となります。成熟期のキャッシュ・フローは「プラス、プラス、マイナス」です。事業が成熟化したため成長機会が減ってきて、事業運営の効率化や資産のスリム化などの取り組みを進めています。そのため、投資キャッシュ・フローがプラスとなり、先行投資よりも過去に投資したものの見直しをしていることを示しています。

　次の段階はリストラ期です。キャッシュ・フローは「マイナス、マイナス、マイナス」です。前段階の成熟期ではプラスであった営業キャッシュ・フローがマイナスに転じ、営業の不振を立て直すべく売上拡大を目指した先行投資を行っていますが、外部からの資金面でのサポートが得られないため、過去に蓄積したキャッシュでしのいでいます。

　最後の段階はサバイバル期です。キャッシュ・フローは「マイナス、プラス、マイナス」です。営業キャッシュ・フローはマイナスであり、その不足分を不稼働資産の売却や不採算事業の譲渡などで得た資金でまかなうとともに、残る資金を借入金の返済に充てています。金融機関は借入金の借り換えに難色を示しており、残した集約事業のキャッシュ・フローに経費を早く対応させて規模の適正化を進めないと、現金が底をつくのも時間の問題です。

Column　3つの「死の谷」

　ベンチャー企業には各種の障壁があります。とくに成長段階をうまくシフトしないといけませんが、シフトしきれず次の段階に行けない企業も多いものです。

　研究と開発の間の障壁を「**魔の川（デビルリバー）**」、開発と事業化の間の障壁を「**死の谷（デスバレー）**」、事業化と産業化の間の壁を「**ダーウィンの海**」と呼びます（図表11-5）。この名は、もともと米国で「ベンチャー企業の育成補助金」を出している NIST（National Institute of Standards and Technology：米国国立標準技術局）が、財務省からベンチャー立ち上げ予算を獲得する説明のなかで示した概念

図表11-5 事業化プロセスとしての「魔の川」「死の谷」「ダーウィンの海」

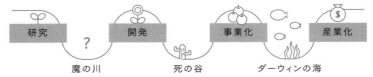

(出所) 出川通『技術経営の考え方――MOTと開発ベンチャーの現場から』光文社新書、2004年。

です。3つを総称して「死の谷」ともいいます。すなわち、死の谷とは、3つを総称する場合と、開発と事業化の間の障壁のみを指す場合があります。

(1) 魔の川（デビルリバー）

　実際の研究開発の現場においては、人によって「研究」と「開発」の認識が異なります。このことが、研究開発現場の作業や評価の混乱を招くことになります。研究は技術シーズ指向で進めることになり、開発はニーズ指向であることから、コンセプトが異なります。「研究」は科学の成果をもとにいろいろな試みを行い、新たなシーズを見つけていく作業で、いわば、いかに発散型となり、あらゆる技術シーズを試せるかがポイントです。

　一方、「開発」は、研究で得られたいろいろなシーズをもとにして、大きなニーズが見込めるであろうターゲットを絞り込んでいく、いわば収束型の作業がポイントになります。

　この対照的な性格の「研究」と「開発」を明確に区別し、うまく組織的に役割分担するか、あるいはベンチャー企業の場合、数人の「研究」者が発想を切り替えて「開発」者に変化できないと、「魔の川」を越えられないで資金的に行き詰まることになります。

(2) 死の谷（デスバレー）

　開発が進み、「製品」が完成しても、顧客が実際におカネを払って購入してくれなければ事業にはなりません。事業化ステージでは、対外的には「生産、販売・マーケティング、アフターサービス」機能、

対内的には「人、モノ、おカネ」の調整が重要になってきます。「製品」を「商品」に移行させることが「死の谷」を乗り越える最大のポイントです。また、技術ベンチャーの製品開発計画は予測どおりに進まないことが多く、計画を実行してはじめてわかる予測外の事態も発生します。製品開発自体の遅れ、当初予測の顧客仕様の変更、競合他社の製品販売先行など、製品開発の遅れは次々と新たな課題を突きつけます。さらに、早急に黒字化を達成する要求が株主からなされることもあります。この段階では、これまでの技術の領域から経営の領域に主眼が移っていく必要があり、移行しきれない企業はどれだけ優れた「研究」「開発」をしても、深くて大きな「死の谷」に落ち、資金ショートを起こすことになります。

（3） ダーウィンの海

　所定の成果が上がり、黒字化の目処も立った後に、本格的な産業化のステージに移行するには、生産体制、販売体制、マーケティング体制、アフターサービス体制が一体となった事業経営体制を築く必要が出てきます。たとえば、製造設備への本格投資や販売人員の増員を行うことで、キャッシュ・フロー分析や損益分岐点分析などを駆使してバランスの良い競争をしなければならなくなります。製品が販売され、技術ベンチャーが急成長を開始しても、製品生産には支払先行、資金回収は後からという構造があるため、キャッシュ・フローはきびしい状態が継続します。原材料購入支払→加工による経費支払→製品在庫の保有→販売し売掛金の発生→売掛金回収というプロセスを踏むからです。多くの金融機関が、赤字で担保のないベンチャーには融資をしない現状では、赤字累積のままこの状況に入ると、確実に資金難に陥ります。

　また、この時点では競争相手が多数、存在していることでしょうから、スピードある対応が必要となってきます。ところが、なかには従来のマネジメント体制のまま社内調整に追われて、意思決定が遅れ、シェアの低下、利益率の低下を経て、「ダーウィンの海」に溺れ、サメ

の餌になる企業が出てくることでしょう。

　ベンチャー企業は、成長段階をうまくとらえ、そのシフトをいかに順調に行うかに十分留意すべきです。

> **まとめ**
>
> 1. ベンチャー企業の成長プロセスは、起業までの「シード期」、起業から商品・サービスの販売を開始し、事業が軌道に乗るまでの「スタートアップ期」、市場や顧客に受け入れられ規模が急拡大する「急成長期」、市場や商品・サービスが成熟化し、規模拡大が鈍化する「安定成長期」に分けることができます。
> 2. スタートアップ段階においてビジネスを軌道に乗せ、早く急成長段階にすることが大切です。
> 3. ベンチャー企業が創業してから成長を続け、やがては成熟して衰退するという一連の成長段階（growth stage）を俯瞰したとき、いま自分の会社がどの段階にあるのかをキャッシュ・フロー計算書の分析で把握しておくことが大切です。

さらに深く学びたい人のための文献案内

伊藤邦雄『ゼミナール現代会計入門［第9版］』日本経済新聞出版社、2012年。
　財務会計の基本書。基本的な決算書の作成の仕方や分析の仕方からIFRSの動向などについても解説している。

井手正介・高橋文郎『ビジネス・ゼミナール　経営財務入門［第4版］』日本経済新聞出版社、2009年。
　コーポレートファイナンスの概念を、「証券投資」と「財務分析」の両面から解説している。単なるキャッシュ・フローの計算の仕方ではなく、それをどのように証券投資などの実務に応用するかについて基礎的理論を説明している。

忽那憲治・山本一彦・上林順子編著『MBAアントレプレナー・ファイナンス入門——詳解ベンチャー企業の価値評価』中央経済社、2013年。

バリュエーション（本来の企業価値に対して、株価が相対的に割安か割高かを判断するための指標）やキャッシュ・フロー計算書のエクセルを使った具体的な作成法など、大学生に有用な本。

練習問題の模範解答

キャッシュ・フロー計算書 （単位：千円）

Ⅰ.営業活動によるキャッシュ・フロー	
税金等調整前当期純利益	100
減価償却費	60
売上債権の減少	-100
棚卸資産の減少	-50
仕入債務の増加	50
その他流動資産の減少	-100
その他流動負債の増加	100
営業活動によるキャッシュ・フロー	60
Ⅱ.投資活動によるキャッシュ・フロー	
固定資産の取得	-160
投資活動によるキャッシュ・フロー	-160
Ⅲ.財務活動によるキャッシュ・フロー	
短期借入金の増加	-20
長期借入金の増加	100
資本金の増加	0
財務活動によるキャッシュ・フロー	80
Ⅳ.現金及び現金同等物に係る換算差額	0
Ⅴ.現金及び現金同等物の増減	-20
Ⅵ.現金及び現金同等物期首残高	100
Ⅶ.現金及び現金同等物期末残高	80

CHAPTER 12

大企業といかに
ネットワークを強めるか？

ケース　ユーグレナ

株式会社ユーグレナ
代　　表：代表取締役社長　出雲 充（いずも みつる）
本　　社：東京都港区
設　　立：2005 年 8 月
上　　場：2012 年 12 月（東京証券取引所マザーズ）
　　　　　2014 年 12 月（東京証券取引所第一部に市場変更）
従業員数：211 人（連結、2016 年 9 月）
売 上 高：139 億円（2017 年 9 月期）
経常利益：12 億円（2017 年 9 月期）

　株式会社**ユーグレナ**は 2005 年 12 月に世界ではじめて微細藻類ユーグレナの屋外大量培養に成功した東京大学発ベンチャー企業です。2015 年には内閣総理大臣賞（日本ベンチャー大賞）を受賞しています。

　創業のきっかけは社長である出雲充氏が東京大学在籍中に訪問したバングラデシュで栄養失調の問題を目の当たりにし、それを解決するために栄養豊富な食糧をつくろうと考えたことに起因します。「バイオテクノロジーで、昨日の不可能を今日可能にする」を企業ビジョンにしています。

　ユーグレナが取り扱うミドリムシは虫ではなく、昆布やワカメの仲間

図表12-1 ミドリムシ

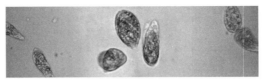

（写真提供）株式会社ユーグレナ。

で、藻の一種です。59種類と非常に豊富な栄養素を含むことが強みで、吸油性に優れ、含有するパラミロンが不要物を吸収するという珍しい性質を持ち、食品としても効果が高いものです。

会社創業後はミドリムシの有効性がなかなか理解されず、多くの投資先、提携候補企業を訪問しましたが相手にされませんでした。そのなかで伊藤忠グループに認められて出資を受けてからは、その信頼度も増すことで一気に大手企業と提携することができました。出雲社長はじめメンバーが最後まであきらめず、信念と将来性を語り続けたことが功を奏しました。いまでは日立製作所、全日空、いすゞ自動車、国土交通省、経済産業省、新エネルギー・産業技術総合開発機構などと提携が実現しており、その成長が加速しています。

1 大企業の新規事業探索

ベンチャー企業にとって大企業との連携は成長を加速するための1つの機能であるといえましょう。すなわち販路の開拓、エンジニアなどの人材不足の解消、資金調達、信用力の確保などを目的としています。加えて成長した段階においては会社の出口戦略（EXIT）として、大企業にM&Aで売却するという選択肢もあります。

一方、大企業にとっては企業革新（イノベーション）の創出の源泉および起爆剤としての機能が大きいものです。大企業には、規模の拡大により、またリスク管理のきびしさからリスク回避のマインド（大企業病といわれるセクショナリズムや事なかれ主義）が蔓延しがちです。米国商務省の統計によれば、米国大企業の売上高のうち、過去3年以内の

新製品・新事業から生み出された売り上げの割合は12％で、そのなかの52％は革新領域からのものであるといえます。対して日本の大企業の割合は7％で、革新領域はわずか11％にすぎないことが課題となっています。

技術進歩は激しく、商品・サービスのライフサイクルは短命化しており、また競争相手も想定しない国や業種からの参入が相次いでいることから、新しい収益源の創出が強く求められており、有力な解決策がベンチャー企業との連携（コーポレートベンチャリング）なのです。大企業はベンチャー企業を活用することで、大学の研究成果やベンチャーキャピタルからのリスクマネーを活用した高リスク開発を行うことが可能となります。

2 コーポレートベンチャーキャピタルとは？

ベンチャー企業との連携手法の1つが**コーポレートベンチャーキャピタル**（CVC）の設立です。自社の資金を提供してファンドを組成し、自社の事業と何らかの関連がある企業、とくにベンチャー企業に投資する組織です。最近ではICTサービス会社、通信会社、放送メディア会社、教育会社に加えて、株式公開したばかりの会社もCVCを設立し、脚光を浴びています。

このようなCVCは以前のベンチャーブームのときにも設立されており、Panasonic、IBM、インテル、サムスン、クアルコム、ジョンソン・エンド・ジョンソンなどが有名です。

しかし、これまで設立されたCVCの評価は企業間で分かれており、成功しているという企業もあれば、成果が上がらずに中止した企業もあります。CVCさえ設立すれば企業革新が起こると一概に考えるのは問題です。米国研究者によれば、成功と失敗を分けるのは主たる戦略目的の明確さ、ベンチャー企業とのコミュニケーションの手法と頻度、ポートフォリオを組んでいるかどうか、直接投資かベンチャーキャピタルファンドへの投資かの4つであることを主張しています。

また、他の研究者によれば、CVCに戦略的な成果（たとえば本業へのシナジー）を求めるのか、それとも財務的な成果を求めるのかを明確に区別すべきことが主張されています。新規事業発掘となれば投資収益の獲得にもなるという稟議書を書いてCVCを始めるところもあるでしょうが、戦略的・財務的成果の両方を達成できることは少ないことでしょう。

　さらに課題としては、①大企業とベンチャー企業の互いの目的を統合することが困難なこと、②大企業の組織内部におけるベンチャー企業への対応が一貫性を欠くこと、③双方のコミュニケーションのむずかしさ、とくにリスクの取り方とスピード感の違いがあること、などがあり、この解決には大企業の経営陣の継続した関与が重要となります。

3 協創関係の構築の仕方

　ベンチャー・エコシステムの「Connect!」（図表12-2）は、ベンチャー企業、大企業・ファミリー企業、ベンチャーキャピタルなど支援者、政府・大学の4者の関係性を緊密化し、業務提携、資本提携、M&A（合併・買収）など連携のきっかけをつくる重要なコンセプトです。今後、日本で最も構築することが大切な概念です。

　関係者の主体たるベンチャー企業は、しっかりした技術を持ち、かつ、顧客に明確な付加価値を提供しようとする志をもった企業が多いものです。ビジネスプランをしっかり作成する能力や経営チームを組成しようとする姿勢も強いです。大企業や公的研究所、公開したベンチャー企業からのスピンオフなど、技術や経営に関しての十分な経験をもっている起業家が増えてきているのも特徴です。通信インフラやクラウドサーバーの活用などもあり、以前と比べると固定費が1桁下がっていることや、成功失敗のノウハウが業界に蓄積されてきたことが優秀な人たちの創業意欲を高めることに役立っているといえるでしょう。

　また、創業当初からアジア市場への展開を視野におき、幹部の国籍も多様な「ボーングローバル企業」を目指している企業も増えています。

図表12-2　ベンチャー・エコシステム「Connect!」

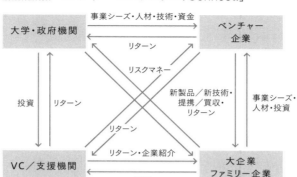

（出所）中村裕一郎（2008）「イノベーションの仕組みとしてのコーポレートベンチャリング」『テクノロジーマネジメント』No.1 をもとに筆者作成。

　関係者の第２である大企業では、2006 年のライブドア事件や 2008 年のリーマン・ショックで冷え込んだベンチャー企業への出資・買収熱が復活する兆しが出ています。グローバル競争に勝つために大手企業でもベンチャー企業との提携や M&A などにより、成長のエンジンを取り込もうとするオープン・イノベーションの必要性が高まっているからでしょう。ヤフーや NTT ドコモ、KDDI、クレディセゾン、日本テレビ放送網、フジ・メディア・ホールディングス、サイバーエージェント、ソニーなどが積極的にベンチャー企業との連携を強化しています。

　第３の関係者はベンチャーキャピタル、公認会計士、弁護士、弁理士などの支援者たちです。ベンチャーキャピタルは、従来の証券系、銀行系、商社系に加えて、独立系や大学連携型、スタートアップ・アクセラレータ型、インキュベーション型、ソーシャル型など多様な形態が活躍しています。これまでと異なるのは、ただ単に投資するだけでなく、積極的にベンチャー企業を育成しようとする意欲をもつベンチャーキャピタリストが増えていることで、成果を期待したいものです。また、公認会計士集団のトーマツベンチャーサポートは、成長ポテンシャルの高いベンチャー企業を年間 1000 社、大企業やベンチャーキャピタルに紹介する会合を朝７時から開催したりして、ベンチャー支援に実績を上

げています。

　第4の関係者は大学・政府等です。日本政府は2013年に策定した成長戦略に、1年間に新たに誕生する企業数を全企業数で割った開業率をいまの5％程度から米英並みの10％台に引き上げる目標を盛り込みました。その一環として経済産業省の「新事業創出のための目利き・支援人材育成等事業」（通称「目利き事業」）の実施や、企業のベンチャー投資促進税制も導入されています。この制度は企業が認定ベンチャーファンド経由でベンチャーに出資する資金の5割までを損失準備金として損金計上を認める優遇税制で、投資促進を通じた大企業とベンチャーのつながりづくりを目指しています。これまでより一歩踏み込んだ効果の出る実行策となるでしょう。

　米国では大企業を主な買い手とするベンチャー企業のM&Aが年間400件以上あります。大企業はベンチャー企業が市場創出したアイデアや技術、スピード感あふれる人材を取り込むことができ、ベンチャー企業は大企業から信用力や顧客基盤や販売ネットワークを取り込むことができます。ベンチャーキャピタルからはリスク資金と経営ノウハウを獲得し、公認会計士や弁護士、弁理士などからは専門的知識を得ることができるのです。そして大学・政府等からは技術シーズを獲得するだけでなく、営利団体では不可能な支援をしてもらうことができます。

　「Connect!」とはこのような4者の関係性を緊密化し、業務提携、資本提携、M&Aなど連携のきっかけをつくる重要なコンセプトです。ベンチャー企業のユニークな技術やアイデアが安易に大企業に吸い取られてしまうリスクは回避しながらも、わが国ベンチャー創出のエコシステムのうねりを起こし、国内経済の活性化、雇用創出に貢献することが、いまこそ求められているでしょう。

> Column　会社を大企業に買ってもらうのは恥ですか？
>
> 　企業買収（M&A）に注目が集まっています。新聞に出てくる案件は、大手企業が海外企業を買収するものです。たとえば、2016年4月にア

サヒグループホールディングスは英ビール大手SABミラー傘下の欧州ビール4社を26億ユーロ（約3200億円）で買収契約しました。このような大企業ばかりでなく、中小企業も最近ではM&Aの事例が増えてきています。10年前くらいでしたら会社を売却するのは経営が行き詰まる場合や後継者がいない場合などに限られ、非常に後ろめたい、暗いイメージでした。「創業した先祖に申し訳ない」「わが一族の恥である」という感じです。

しかし、最近では成長戦略の一環で大企業に会社を売りたいという40〜50歳代の経営者が増えています。たとえば、自社だけでは売上高30億円程度が成長限界で、ここ数年、横ばいとなっているが、知名度と販売ネットワークの強化、資本力の増強によるヒト、モノへの先行投資を加速することで売上高100億円を目指す、というねらいです。ITなどの変化のスピードの激しい業界や、介護医療や建設、運輸などの法規制の変更が頻繁で人手不足が深刻な業界では、中途半端な規模では立ち行かなくなり、規模拡大をねらった業界再編が進んでいます。また、海外展開をするに際して、自社で拠点をつくること、海外の会社を買収することに加えて、大手企業と提携・連携して海外進出することをねらう企業も増えています。

日本の場合、若くしてベンチャー企業を創業し、人一倍努力して株式上場してもほとんど持ち株は売却できなくてキャピタルゲインは得られず、50〜60歳になっても経営に悩みながら働き続け、70歳くらいになって次の経営陣にバトンタッチする、という経営者も多くいます。一方で、米国のベンチャー企業ですと35歳くらいで創業した会社を株式上場直前で大企業に売却し、自分は2〜3年くらいはその会社の顧問として引き継ぎを行うが、それ以降は大企業に任せ、新たな成長軌道に乗っていくことを志向する人も多いようです。社長個人は40歳前に数百億円という現金を手に入れ、悠々自適な生活を送りながらも次の新規事業を起こしたり（これを何度も創業する人という意味でシリアルアントレプレナーといいます）、これからベンチャー企業を創業しようとしている若者にエンジェル投資家として投資し、会社経営

を指導する、という人たちも多くいます。ベンチャーキャピタルが投資したベンチャー企業の出口（EXIT）としては、日本は80％くらいが株式上場ですが、米国ではそれは20％くらいで、残りの80％くらいはM&Aです。米国ではベンチャー経営者もベンチャーキャピタルでも最初から株式上場を目指すのではなく、いかに大企業にM&Aするかだけを考えているところも多いです。

　日本と米国ではベンチャー企業やM&Aに対する認識や評判が違いますし、経営者一人ひとりの創業に対する思いの違いがありますので、一概にどちらが正しいとはいえません。ただ少なくとも日本でベンチャー企業を創業するときに、将来、株式上場することだけを出口に考え「株式上場ができたら成功、できなくて会社を売却するのは負け組」という考え方からは脱出すべきで、いろいろな選択肢があることを理解しておくことが大切です。

まとめ

1. ベンチャー企業にとって大企業との連携は成長を加速するための1つの機能です。大企業にとっては企業革新（イノベーション）の創出の源泉および起爆剤としての機能といえます。
2. ベンチャー企業との連携手法の1つとして、コーポレートベンチャーキャピタル（CVC）の設立があります。自社の資金を提供してファンドを組成し、自社の事業と何らかの関連がある企業、とくにベンチャー企業に投資する組織です。
3. ベンチャー・エコシステム「Connect!」は、ベンチャー企業、大企業・ファミリー企業、ベンチャーキャピタルなど支援者、政府・大学の4者の関係性を緊密化し、業務提携、資本提携、M&Aなど連携のきっかけをつくる重要なコンセプトです。今後、日本で最も構築することが大切な概念です。

事前課題

1. ユーグレナのケースを読んで、なぜ大企業と連携ができたのか、本テキストに書いていないことも含めて考えてみてください。
2. 日本でM&Aが活発化するためには多くの人の価値観が変化することが必要ですが、どうしたら加速すると思いますか？ あなたの考えを述べてください。

さらに深く学びたい人のための文献案内

長谷川博和『［決定版］ベンチャーキャピタリストの実踐』東洋経済新報社、2007年。
　　ベンチャーキャピタリストのパフォーマンスを向上させるための仮説を提示。ベンチャー・エコシステムの構築をどのように行うかも詳説。

湯川抗『コーポレートベンチャリング新時代——本格化するベンチャーの時代と大手ICT企業の成長戦略』白桃書房、2013年。
　　日本の大手ICT企業がコーポレートベンチャリングを活用したオープン・イノベーションの方法を推進する状況を説明。

CHAPTER 13

株式公開・M＆Aを
いかに成し遂げるか？

ケース サイバーダイン

CYBERDYNE 株式会社
代　　表：CEO　山海 嘉之（さんかい よしゆき）
本　　社：茨城県つくば市
設　　立：2004年6月
上　　場：2014年3月（東京証券取引所マザーズ）
従業員数：158人（連結、2016年3月末）
売 上 高：16億4900万円（2017年3月期）
経常利益：▲7億8200万円（2017年3月期）

　サイバーダイン株式会社は筑波大学大学院システム情報工学研究科・サイバニクス研究センターのセンター長・山海嘉之教授の研究成果で、社会貢献をするため2004年6月に設立されました。障害者の歩行支援などを行うロボットスーツ「HAL」を開発する筑波大学発のベンチャー企業です。

　研究開発型企業で継続的に研究費がかかることと、主な製品である「HAL」は厚生労働省の医療機器の認可を取得しなければならず、売り上げが上がるまでに時間がかかるため、株式上場して資金調達することにしました。2014年3月に東京証券取引所マザーズに上場し、2017年には日本ベンチャー大賞を受賞しました。

　一方で、ロボットスーツは使い方によっては軍事用にも利用できるた

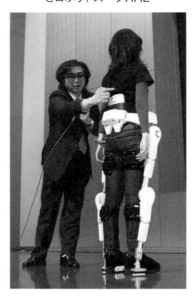

図表13-1　CYBERDYNE山海嘉之CEO
　　　　　とロボットスーツHAL®

め、株式公開した後に株式を市場で買い集めた大株主が、権利として平和利用でなく、軍事利用に変更することなどを創業メンバーは危惧していました。資金調達はしたいものの、会社のコントロール権はある程度、握っていたいという要望です。

　そこで経営者である山海社長にB種類株式を発行することによって、実質的に3分の2超の非常に強い議決権を握る仕組みを導入し、持ち株比率と議決権を一致させない方法で要望に応えました。具体的には「**日本版 dual class**」として、普通株式の単元株式数の100株（つまり普通株式は100株で1議決権）に対して、山海社長が保有するB種類株式は10株で1議決権（つまり普通株式1単元と同じ100株であれば10倍の10議決権）となるように定款に書き込みました。これによって、大学教授で資金提供力には限界のある創業者が経営権を持ち続けながら、株式公開で多くの資金調達を実現することが可能になりました。

図表13-2　東証の新規株式公開(IPO)会社数推移と、そのうち
　　　　　ベンチャーキャピタル(VC)が投資している金額推移

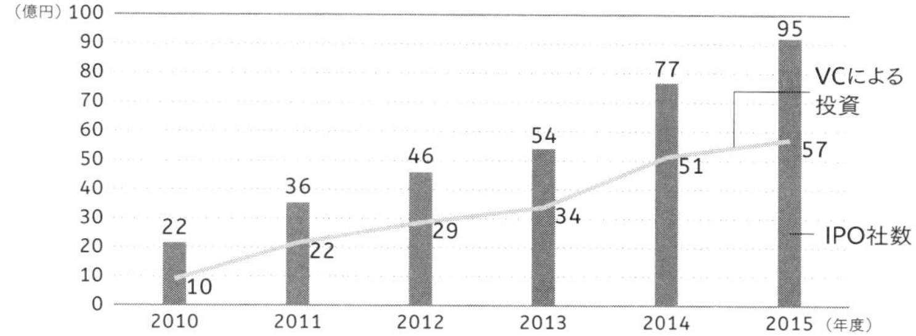

(出所）ベンチャーエンタープライズセンター、東京証券取引所、ベンチャーキャピタル協会より。

1 株式公開市場とM&A市場

　ベンチャー企業が創業して数年が経ち、一定の規模に達したとき、さらに成長を続けるために、このまま株式未公開企業を継続するのか、公開を行い上場企業となるのか、それともM&Aを通じて大企業との連携を高めていくのかの選択を迫られます。どの選択肢にするべきかは、ベンチャー企業の理念や風土、経営者や従業員の考え方、将来の業績の見通し等によって異なります。

　日本においては、ベンチャーキャピタルが投資した企業の80％以上が株式公開の選択肢をとりますし、米国では80％以上がM&Aを選択しています。この違いは、株式公開に対する憧れなどのマインドや会計制度の違いなどに起因します。日本でも最近ではM&Aが増加しています。

(1)　日本の株式上場市場

　日本の新規株式公開会社数の推移は図表13-2のとおりです。東証の新規公開会社は2016年で85社となり、順調に増加しています。

　ちなみに、公開会社と上場会社は意味が異なります。公開会社とは、会社法第2条5号の規定では「その発行する全部又は一部の株式の内容として譲渡による当該株式の取得について株式会社の承認を要する旨

図表13-3 日本の上場会社数

上場市場	上場会社数
東京証券取引所（大阪証券取引所）	
第一部	2,007
第二部	530
マザーズ	229
JASDAQスタンダード	713
JASDAQグロース	43
TOKYO PRO Market	17
合計	3,539
名古屋証券取引所	
市場第一部	5
市場第二部	60
セントレックス	12
合計	77
福岡証券取引所	
（単独上場、Q-Board市場を含む）	27
札幌証券取引所	
（単独上場、アンビシャス市場を含む）	16

（注）2017年3月現在。
（出所）各社HPより筆者作成。

の定款の定めを設けていない株式会社」となっています。つまり1株でも譲渡制限がない株があれば公開会社となります。株式上場しているかどうかは関係ありません。

　また、図表13-3に示したように、日本の上場会社は、東京証券取引所（大阪証券取引所）には第一部、第二部に加えて、ベンチャー企業用にマザーズ、JASDAQスタンダード、JASDAQグロース、TOKYO PRO Marketがあります。名古屋証券取引所には第一部、第二部に加えて、ベンチャー企業用にセントレックス、福岡証券取引所には単独上場に加えてベンチャー企業用にQ-Board市場、札幌証券取引所には単独上場に加えてベンチャー企業用にアンビシャス市場があります。

（2）　日本のM&A市場

　米国の、2015年におけるベンチャーキャピタルが投資していた企業のうち、株式上場したのは77社であるのに対して、M&Aで売却した

図表13-4　2015年に実施されたベンチャー企業のM&A

売却金額	社名		
100億円以上	株式会社エウレカ	株式会社フンザ	
20億円〜	Quipper	株式会社ルクサ	株式会社アラタナ
10億円〜	popIn株式会社	ミューズコー株式会社	株式会社エコ配
	Kauli株式会社	株式会社ネットカムシステムズ	ウェブペイ・ホールディングス株式会社
10億円未満	株式会社Socket	アップベイダー株式会社	ロケットベンチャー株式会社
	コードキャンプ株式会社	株式会社waja	株式会社マイナースタジオ
	株式会社ブークス	株式会社トライエース	

(出所) 各種データより筆者作成。

のは392社と圧倒的にM&Aの比率が大きいです。

それに対して日本のベンチャー企業がかかわっているM&Aは非常に少なく、また、売却金額も小さいです。2015年に行われた主なM&Aを図表13-4に示しましたが、100億円を超えるものは2社にすぎず、10億円未満の案件も数多くあります。創業者やベンチャーキャピタルにとってはとても収益が出るレベルではなく、問題です。

2 企業価値評価（Valuation）

通常、**企業価値（Enterprise Value）** は以下のように計算されます。

EV（企業価値）＝ FCF（フリーキャッシュ・フロー）の累積額
　　　　　　　（残存価値含む）÷WACC（加重平均資本コスト）

SV（株主価値）＝ EV －ネットデット ｛有利子負債－（現預金＋
　　　　　　　売却可能有価証券）｝

このように計算された企業価値（または株主価値）は、株主の究極の財産価値を示しています。このFCFに基づく企業価値はグローバル・ビジネスでの企業の評価基準であり、企業価値の高い企業には、魅力ある戦略的提携業務の機会を含め、多くのビジネスチャンスが提供されます。なぜなら、企業価値の高い企業はM&Aで買収する側に回ることが

できるうえに、銀行も喜んで融資してくれるからです。

　急速な環境変化がもたらす構造変化に企業が対応するためには、従来にはないリスクをともなう先行投資をする必要が出てきています。新規事業への投資や海外の企業買収などもその一例です。このような従来にはないリスクをともなう先行投資に際しては、銀行を中心とした間接金融だけでは対応しきれません。なぜなら、銀行は預金者の資金運用という性格から、リスクはとれない資金源であるからです。そのため、株式を中心とした直接金融のウエイトが高くなりますが、この直接金融の投資家は、企業価値の向上を絶対的に求めるものです。企業価値の測定・評価、およびその向上を考えるうえでは、損益計算書ではなく、キャッシュ・フロー計算書がその論理の中心となってくるでしょう。

　企業価値の破壊を防ぎ、その向上を図るには、企業はFCFを極大化し、割引率である加重平均資本コストを引き下げることが必要となります。その代表的な財務手法に下記を挙げることができます。

○投資案件の採否にあたり、加重平均資本コストをハードルレートとして用いる。
○増加運転資本を圧縮するためにワーキング・キャピタル・マネジメントに注力する。
○税引後のキャッシュ・フローの極大化のため、効果的な国際税務プランニングを導入する。
○信用格付を悪化させない範囲で効果的な自己資本のレバレッジを行う。
○長期報酬戦略の評価基準を、企業価値向上への貢献度とリンクさせる。

3 株式公開・M&Aのメリット・デメリット

　株式公開にもM&Aにも、それぞれ以下のようなメリット・デメリットがあります。

(1) 株式公開のメリット

① 市場からの資金調達

株式公開時には公募新株発行もあわせて行うので、投資対象としての魅力の程度やその時々の市況により影響されるものの、一時的に多額の返済不要の資金を調達できます。このことは自己資本の充実にほかならず、財務体質の飛躍的な強化になります。

② 信用力および知名度の向上

上場企業は上場を果たすためにきびしい審査を乗り越えています。したがって未上場ベンチャーとくらべて社会的な信用度が大幅に高くなります。また、株価が投資情報としてリアルタイムに社会に提供されるとともに、投資家に対して適時適切な情報開示義務を負っているため、それだけ会社の情報が人々の目に触れることになります。

③ 優秀な人材の確保

上場企業であることで社会的な信用を得るとともに会社の知名度も高まるので、優秀な人材を確保しやすくなります。また、上場企業としてふさわしい人事制度（最近ではとくにストックオプション制度をはじめとする報酬制度）が整備されることにより、従業員のモチベーションや会社に対する帰属意識が高まることになります。

④ 経営管理システム・内部統制組織の強化

上場準備の過程で、株主などの外部利害関係者に適正な情報をタイムリーに開示する必要があるために会計処理基準に関する課題を解決し、さらに会計情報を作成する経営管理システムを整備充実することが要求されます。また、社長、経営陣の専横的行動を牽制する内部統制組織（ガバナンスシステム）の確立も必要です。これらの強化は会社の継続的な成長のためには不可欠な要素であり、株式公開の過程で強化されます。

⑤ 創業者利潤の確保

創業者の収入は経営者としての役員報酬や株主としての配当になりますが、これら所得に対しては累進税率（最高45％）によって高額の所得税を負担することになります。しかし所有する株式を譲渡すれば譲渡

益に対する申告分離課税（税率20％）で済むメリットもあります。これにより、創業者がこれまで企業経営をしてきた成果を、いったん獲得しやすくなります。

（2） 株式公開のデメリット

しかし、株式公開のデメリットもあります。

① 受託責任の増加

株式公開は不特定多数の投資家が株主になることにより、従来以上に株主に対する責任が強まり、社会的責任が増加します。投資家には企業の状況をタイムリーに開示することが義務づけられます。法定開示義務、市場運営者の規則による適時開示義務が発生して、未公開のときにはない費用とエネルギーが発生します。

② 各種法的リスクの増大

好ましくない株主が参入する可能性もあり、業績不振等による経営責任の追及や、株主代表訴訟も可能性が出てきます。投機的取引の対象になったり、株の買い占めによる経営権の侵害の懸念もあり、株価の動きにも注意を払わねばなりません。また、株式公開でキャピタルゲインを得た会社の幹部が退社するリスクも新たに発生します。

③ 各種費用の増大

公開準備のための人材確保が必要になるほか、監査費用、証券会社等へのコンサルティング費用などが先行して発生します。株式公開後も情報開示の信頼性を確保するために、公認会計士による監査が必要となり、公開しない場合にくらべてコストが発生します。とくに近年では内部統制、J-SOX（金融商品取引法において規定された内部統制整備の制度）関連のコストや適時開示、IR（投資家に対する広報）のためのコストがかさむようになっています。

④ 公共的な存在となる

株式公開は、創業者や大株主の個人的会社であったものが、一般株主を含めた潜在的投資家にとっての社会的・公共的所有物になることを意味しています。すなわち、経営者の専横はより許されなくなってくるの

であり、それが嫌なら公開すべきではありません。

（3） M&Aのメリット
① 手続きに時間がかからない

株式公開の場合、通常は2〜3年の準備期間が必要となります。それにくらべてM&Aの場合には法律的なチェックと双方の株主総会の決議が必要となりますが、合意があれば比較的短期間で実現できます。

② 資金調達に悩まなくていい

M&Aをする側は通常、大企業である場合が多く、ベンチャー企業はM&A実施後の資金調達に悩まなくてよくなります。株式公開する前でも後でも、ベンチャー企業は資金調達に悩まされる場合が多く、その悩みから解放されます（一方で、大企業のなかで稟議を通すという別の悩みも発生します）。

③ 信用度が増す

M&Aをする側が知名度の高い会社であれば、ベンチャー企業が取引をするうえでも信用度が高まることでしょう。

④ 従業員の待遇が良くなる

M&Aの条件にもよりますが、従業員の給料、福利厚生などはM&Aをする側である大企業の待遇に近いものとなります。従来よりは良くなることでしょう。

⑤ 管理体制がしっかりする

大企業の管理体制が導入されることにより、内部統制や各種報告システムは整備されることになります。また、優秀な経営人材を外部から採用する必要はなくなり、グループ会社から調達できるようになります。

⑥ 創業者利潤が早期に回収できる

ベンチャー企業の創業者はM&Aによって現金またはM&Aをする側である大企業の株式を受け取ります。場合によっては株式公開よりも高い金額を手に入れることも可能です。

また、株式公開を選択した場合には保有株式を大量に売却することは事実上むずかしいのにくらべて、M&Aをした場合にはまとまった株数

を売却することが可能となります。

（4）　M&Aのデメリット

①　企業理念や風土が変わってしまう可能性

ベンチャー企業がM&Aにより大企業のグループまたは一部になった場合には、創業からの企業理念や風土が変わってしまう可能性があります。とくに意思決定スピードが遅くなったり、リスクを回避する風土に変わってしまうケースも散見されます。

②　リーダーシップの欠如

ベンチャー企業においては強力なリーダーシップを発揮する経営者が存在したのにくらべて、M&A後においては、M&Aの条件次第ですが関係者の合議で意思決定することが増えることでしょう。

③　各種間接コストの上昇

大企業のグループに入ることによって、人件費や福利厚生費、間接人員の増加などでこれまで以上の間接コストがかかることになります。そのため、これまで以上の収益性が問われることになるでしょう。

このように株式公開もM&Aもメリット、デメリットがあり、どちらを選択したほうがいいかはベンチャー企業の理念や風土、経営者や従業員の考え方、将来の業績の見通し等に基づいて決定することが重要です。

> Column　ソーシャルビジネスも大切です
>
> ビジネスを通じて社会問題の解決を目指すソーシャルビジネス（社会企業家）が注目を集めています。NPOやボランティアは補助金や寄付に活動資金を依存するのに対して、ソーシャルビジネスは収益の継続的獲得を通じて拡大再生産を進めるところに大きな違いがあります。そこで重要となるのが起業家の存在です。単にビジネスモデルや仕組みが革新的であること以上に、起業家が主体的に動いていることに注

図表13-5 MORIUMIUS

(出所) 公益社団法人 MORIUMIUS の HP
（www.moriumius.jp）。

目すべきです。

　ソーシャルビジネスには新興国・途上国での貧困問題に焦点を当て、日本の技術を現地に導入・指導し、その生産物を先進国で販売するモデルが多いです。それに対して、国内における地域創生の流れと海外も含めた多くのサポーターを巻き込んだプロジェクトを実施している「MORIUMIUS」（モリウミアス）を紹介しましょう。

　震災で大きな被害が出た宮城県石巻市雄勝町に、築93年の廃校となった小学校の校舎を再生し、農漁業や自然のなかでの暮らしを体験する宿泊型施設 MORIUMIUS があります。2013年からサポーターのべ5000人が集まり準備し、2015年7月に正式にスタートしました。宿泊施設と食堂、自慢の露天風呂もあります。子どもたちは山や海や田畑を駆け巡り、森の間伐作業、ホタテなどの採取に立ち会うなど、体験学習を通して地元住民との交流が促進されています。震災で衰退した地域に新たな人の流れを生み出し、地域経済が潤う起爆剤になるような取り組みとして評判です。

　このプロジェクトを運営する公益社団法人「Sweet Treat 311」（MORIUMIUS の前身）の代表理事を務める立花貴氏は、伊藤忠商事、ファミリーマートへの出向などを経て6年後に退職、独立して飲食店向け食料品卸を業とするベンチャー企業を創業しました。理事である油井元太郎氏は、小学校、大学をアメリカで過ごし、ニューヨークでテレビ制作会社、疑似体験型テーマパーク「キッザニア」日本導入に

関わった後に、山登りを通じて知り合いだった立花氏とモリウミアスプロジェクトを開始した起業家です。

　この2人が中心になり、総務省や内閣府の上級職研修生や米国ハーバード大学院生たちがサポーターとして施設の建築や開業後の講師などとなって支援しています。筆者も完成前に宿泊して校舎の改造にひと汗流してきました。震災で被災した子どもたちだけでなく都市部や世界中からも参加者を集め、年間5000人の訪問を目標にしています。また、企業研修も受け入れる予定です。補助金を当てにしないで、拡大再生産を目指すソーシャルビジネスが今後、注目されます。

まとめ

1. 日本においては、ベンチャーキャピタルが投資した企業の80％以上が株式公開を選択しますが、米国では80％以上がM&Aを選択しています。
2. 株式公開もM&Aもメリット、デメリットがあり、どちらを選択したほうがいいかは、ベンチャー企業の理念や風土、経営者や従業員の考え方、将来の業績の見通し等に基づいて決定することが重要です。

事前課題

1. サイバーダインのロボットスーツ「HAL」が、株式上場すると軍事用に使われる可能性があることを踏まえて、この会社が株式公開することのメリット、デメリットをまとめてください。
2. MORIUMIUSのコラムを読み、ソーシャルビジネスの日本での将来性について、利益極大化を目指すベンチャー企業との比較でまとめてください。
3. 次回第14章で最終のビジネスプラン発表をします。その準備をしておいてください。

さらに深く学びたい人のための文献案内

水永政志『現役経営者が教えるベンチャーファイナンス実践講義』ダイヤモンド社、2013年。
 スター・マイカを創業、株式上場させた水永社長が大学での講義のために執筆した本。創業から株式公開、出口戦略（創業者の引退）までを書いた実践の書籍。

忽那憲治『IPO市場の価格形成』中央経済社、2008年。
 株式公開市場におけるアンダープライシングなどの研究成果を示すと同時に、日本のIPO市場の特徴を分析している。

CHAPTER 14

ビジネスプランコンテストで優勝するには？

ケース　エコオロギ

　早稲田大学商学部出身の葦苅晟矢(あしかりせいや)さんは、大学2年生のときに授業で起業家養成講座を受講しました。そこでは筆者をはじめとする数人の教員からベンチャー企業の成功失敗の要因等の理論的な講義を受けるとともに、多くの先輩経営者の体験を聞くにつれて、アントレプレナーへの関心が高まりました。その過程で、仲間とともにビジネスプランをつくることにしました。そのテーマは「エコオロギ：昆虫飼料活用による食糧循環型システムの確立」です。国連の統計で世界的な食糧不足が今後も深刻になる、という記事に注目して、漁業の復活につながるビジネスプランを作成しました。実際にアパートでコオロギを飼育して実績を積み、何度も修正を加えて発表し、発表会の審査員のコメントをもとにさらに中身を修正しました。また、メリハリの効いた発表ができるようにプレゼンテーションの練習も重ねました。

　作成したビジネスプランの概要は以下のとおりです。

　養殖産業においては、費用の約7割をエサ代が占めているといわれています。しかし、近年、エサとして使われる魚粉の値段が高騰しており、養殖業者の経営を圧迫しています。そこでコオロギを養殖魚のエサとして活用しようというものです。コオロギは栄養価が高く、養殖魚のエサとして受け入れられるまでに時間を要したとしても、爬虫類のエサとしての需要があるのでコオロギを選んだのだそうです。

　コオロギは廃棄野菜などを使って容易に繁殖が可能ですが、安全性を考慮して、実運用では流通しない規格外の野菜をコオロギのエサに想定

図表14-1 UVGP2015

(出所) 早稲田大学HP (www.waseda.jp)。

しています。また、当初はコオロギを擦りつぶして粉末で供給することを想定していましたが、養殖業者との試験運用などを通じて、魚が食べやすく海を汚さないようにするにはペレットのほうがよいことがわかり、今後はコオロギ粉末をペレット加工して提供することを計画しています。

その結果、早稲田大学ビジネスプランコンテストで優勝したのを端緒に、経済産業省主催のUVGP2015全国大会大賞・教員審査員大賞、ジャパン・ビジネスモデル・コンペティション優勝、2015年度（第13回）学生ビジネスプランコンテスト優秀賞、第12回キャンパスベンチャーグランプリ文部科学大臣賞・テクノロジー部門大賞、等多くのコンテストに入賞することができました。

1 ビジネスプランコンテストで優勝するには？

筆者はビジネスプランコンテストの審査員をさせていただく機会が多くあります。高校生、大学生、大学院生などの学生コンテストから社会人の参加するものまで多種多様です。毎月どこかの会場でコンテストが行われています。10年前にはこれほど活発でなかっただけに、その盛り上がりには驚かされます。多くのコンテストで審査員としてビジネスプランの発表を聞いていると、優勝するプランには共通点があります。

ここで、ビジネスプランコンテストで優勝するための秘訣をご紹介します。

(1) 経営理念

まず、プランを作成した理由や動機が明確で、企業理念がしっかりしていることです。この業界が伸びそうだから作成した、というのではなく「魂の叫び」のように訴えかけてくるものが必要です。たとえば、群馬イノベーションアワードで入賞した角田真住氏は自分が脱毛症になったことを克服した経緯を踏まえて、群馬特産のシルク素材の華やかなスカーフの企画・販売を発表しました。また、西部沙緒里氏は自身の不妊治療経験を踏まえて、子どもを授かるために、また仮に子どもが授からなくても前向きに生きていくために、その方策について同じ悩みをもつ会員同士が互いに知恵を出し合うネットワークをつくろうと訴えかけました。2人とも経営理念が明確であり、「ビジネスプランコンテストで入賞できなくても私はこのビジネスを実現してみせます」と言い切ることで多くの感動を呼んでいました。

(2) 顧客の絞り込み

第2には明確な顧客の絞り込みです。顧客を漠然ととらえるのではなく、第1フェーズではこの顧客、そこで成功したら第2フェーズの顧客、などとマイルストーンを設けながら明確にしていることです。しかもその顧客の悩み「カスタマーペイン」を特定していることが重要です。たとえば、第10章で述べた群馬イノベーションアワードの共愛学園前橋国際大学のチームでは、ひとり暮らしをしている大学生の親がしっかりと栄養のある食事を子どもに食べさせたい、というカスタマーペインをとらえています。身近な大学近辺の食堂と遠隔地の親をネットワーク化したビジネスモデルを発表して入賞したのです。

(3) 実践性

第3は実践性です。ビジネスプランのつくり方や盛り込むべき内容、

印象に残るプレゼンテーションの仕方なども重要ですが、それだけ明確な思いがあるのであれば、小さな範囲でも実際にサービスを始めてみるべきだということです。こうしたらうまくいくのではないか、という仮説を小さくても検証してみて、その仮説を修正する、というプロセスを踏んでいることを示すことです。冒頭の「ケース」に取り上げたエコオロギの事例では、実際にアパートで衣装ボックスにコオロギ500匹を飼育し、それを知り合いの養殖業者に持ち込んで魚の発育状態をモニターしている、と発表し審査員の賞賛を得ました。

2 プレゼンテーションの優劣

　ビジネスプランの発表時間はおおむね5～10分と短いものです。この限られた時間で審査員や投資家に興味をもってもらうことはむずかしいものです。とくに多くのビジネスプランを見ている審査員やベンチャーキャピタリストには小手先の手法は通用しません。プレゼンテーションの練習をすることも重要ですが、「魂の叫び」ともいえる経営理念がしっかりしており、当初ねらうべき顧客の悩み・痛み（カスタマーペイン）が明確で、仮説立案－検証－修正のプロセスが見えるビジネスプランが評価されることでしょう。

　とくに強調すべき点は以下のとおりです。

（1）　最初の1分に集中すること

　発表時間がたとえ10分あったとしても、最初の1分で優劣は決まると考えてください。そこでは誰のどのような悩みを対象としているか、それが解決できたらどんなに世の中が良くなるのか？　うれしいのか？　という問題提起をしてください。それを聞いた瞬間に「それはそのとおりで大きな課題だ」「それが解決できたらどんなにいいか」「もっと詳しい話を聞かせてほしい」という気持ちにさせるのがゴールです。1分ですべてを早口でしゃべれません。

　そのためには、第4章で述べましたが重要なことなので、もう一度

繰り返します。以下の文章を組み立ててみてください。

> 「私は（a　このような顧客）の（b　課題・悩みの具体的内容）という悩みを（c　このような技術やシステム、仕組み）で解決する（d　会社名または製品名）を提案します。」

たとえば、前述の「エコオロギ」であれば以下のようになります。

> 「私は（a　世界中の魚の養殖業者）の（b　エサとして使われる魚粉の値段が高騰して経営を圧迫している）という悩みを（c　コオロギを養殖し、それを粉末、ペレットにして供給するシステムを構築すること）で解決する（d　エコオロギ）を提案します。」

　これだけならばゆっくりしゃべっても1分で十分に話せますね。さらに、効果として「このエコオロギを世界中に広めることで、深刻な食糧不足に見舞われる社会における漁業関係者の活躍をサポートしていきたいと考えます」などと理念を加えれば導入としては十分でしょう。

（2）　日本だけでなくグローバルな広がりが期待できること

　解決する課題・悩みが日本だけでなく、世界中、少なくともアジアでは同じような悩みがあることが大切です。自分たちが抱えている問題点を出発点として発想することはいいことですが、範疇のせまいビジネスになっていないか、再検討すべきです。発表においては世界の状況をグラフや写真で示すことが重要です。

（3）　空想や想定ではなく、実際に試した実績・結果を少しでも示すこと

　課題・悩みに対する解決策を技術的に構築する仕組み・システムを明確にすることが必要です。「このような技術を使えば解決できるはずだ」では駄目で、メンバーで具体的製品・サービスのα版、β版をつくって

ビジネスプランの発表会場に持参するべきです。もし会場に持参できない大きさや条件のものでしたら、その動画を撮影して見せることです。

さらにそのα版、β版を先駆的顧客（アーリーアダプター）に使ってもらい、その評価・評判を分析して示してください。説得力が違ってきます。また実際に先駆的顧客の評価をもとに改善したのであれば、その過程も示してください。「これが初期バージョンで、これが第2バージョンです」などと仮説立案－検証－修正の過程が明確だと、今後に期待がもてます。

（4） 将来のビジョンを描いていること

短いプレゼンテーションのなかにも将来の成長段階やステップが明示されていることが必要です。「現時点ではここまでの進捗ですが、今後、次のようなステップを踏んで5年後にはこのようなレベルになっていることを目指します」などと将来の姿を示してください。それがたとえ夢物語のようなものでもかまいません。

それに向かって、現在不足しているもの（メンバーとか資金とか支援者とか）を明確にしておいてください。とくに、ビジネスを推進する現在の仲間がどのような人たちか、支援者が現在いるのか、今後、どのようなタイプの人材を必要としているのか、という説明も不可欠です。

> Column　最終的なビジネスプランをうまく発表する
>
> 　14回目の授業の本章では、各グループで最終のビジネスアイデアを発表しましょう。今回は詳細なビジネスプラン（詳細な行動計画）を発表してください。各グループ5〜10分で発表してもらいます（具体的な発表時間は先生が決めてください）。これまで授業で学んだことに留意して、みなさんが伝えたいことをしっかりと伝えてください。先生はタイマーで厳密に時間を計り、規定時間でベルを鳴らして途中でも強制的に発表をストップさせてください。
>
> 　今回は発表だけでなく、その後の質疑応答の時間を設け、その受け

図表14-2 主な審査項目（例）

	評価項目	評価の視点例
1	理念・ミッション ◎	・事業の理念を明確に打ち出すことができているか ・社会的課題や顧客の問題を意識しているか ・共感する人や組織を集めることができるか　等
2	市場性	・顧客の視点をもってプランをつくっているか ・提供する価値や市場の把握が明確か ・適切な市場分析、競合分析がなされているか ・グローバルな展開の可能性があるか　等
3	新規性・独創性 ◎	・社会に新たな価値を生み出す力をもっているか ・他社との差別化を行うことができているか ・驚きを与えられるようなプランであるか　等
4	実現可能性	・事業活動、組織体制、資金計画が実現可能なプランか ・実現のための行動を起こしているか ・リスクや変化への対応を考えているか　等
5	収益性	・事業活動を継続・拡大できる収益性があるか　等
6	伝える力・コミュニケーション力	・プランにのせた「想い」を明確に伝えることができるか ・コミュニケーション能力が高いか　等

◎印の項目は、重点評価項目です。
（出所）University Venture Grand Prix.

答えも審査対象にします。審査の結果で、優勝、準優勝などの順位をつけると盛り上がることでしょう。

審査の重点や項目は先生の判断によりますが、参考までに、経済産業省で行っている University Venture Grand Prix では図表14-2のような審査項目となっています。

> **まとめ**
>
> 1. ビジネスプランコンテストで優勝するための秘訣は、プランを作成した理由や動機が明確で、企業理念がしっかりしていること、顧客の絞り込みがしてあること、実践性の高いプランであることです。
> 2. プレゼンテーションの優劣もあります。本番のつもりで練習しましょう。

事前課題

1. 最終のビジネスプラン発表をします。各グループでビジネスプランの作成・発表の準備をしてください。

さらに深く学びたい人のための文献案内

ジェレミー・ドノバン『TEDトーク　世界最高のプレゼン術』中西真雄美訳、新潮社、2013年。
　　効果的なプレゼンテーションのノウハウが詰まっている。
池上彰『伝える力――「話す」「書く」「聞く」能力が仕事を変える！』PHPビジネス新書、2007年。
　　「伝える」には、「話す」「書く」そして「聞く」能力が必須としている。安易な図表や写真の多様に警鐘を鳴らしており、本当に伝える力とは何かを問うている。

CHAPTER 15

リスク・リターンの適正な活力ある話力ある社会の構築へ

1 講義のまとめ

　これまで 14 回の講義を通して、ベンチャー経営論として押さえるべき項目はほぼ網羅しました。内容的にむずかしいところもあったかもしれませんが、実際にベンチャー企業を起業するつもりでのぞむためにはこのくらいは必要です。実際にベンチャー企業を起業しない人も、起業するつもりで真剣に取り組むことが、ベンチャー経営論においては大切です。ベンチャー経営論の取り組むべき項目は多岐にわたり、かつ、変化も激しいものです。いわば**「頭脳的な総合格闘技」**といえるでしょう。

　また、ベンチャー企業と大企業との境はますますなくなってきています。むしろ、大企業がベンチャー企業のスピード感やビジネスモデルに学ぶ時代がきています。その意味でも、ベンチャー経営論を真剣に学ぶことは大企業のイノベーションを学ぶことにもつながるのです。

　2016 年 5 月にはトヨタ自動車が米国ベンチャー企業である Uber Technologies, Inc.（Uber 社）と、ライドシェア領域における協業を検討する旨の覚書を締結し、Uber 社に戦略出資をすることを発表しました。カーシェアリングのほか、クルマの保有者自身がドライバーとなって利用者を乗せるライドシェアのような新たな移動提供サービスが、多くの国・地域において急速に発展していることが提携のきっかけです。これまでの発想ですと、タクシー会社やレンタカー会社に多くの自動車を販売してきたトヨタ自動車が、場合によっては敵となり、自らの販売台数を減らすことにもなりかねないベンチャー企業と提携・出

資してそのビジネスモデルを一緒につくり込むことはありえないことでしょう。

さらにトヨタ自動車は、電気自動車の Tesla, Inc. とも業務提携、戦略出資し、トヨタ自動車の元 NUMMI 工場で電気自動車を製造しています。大企業とベンチャー企業との関係は今後、大きく変化していくことでしょう。

2 アントレプレナーシップの普及に向けた提言

日本でのアントレプレナーシップの普及に向けて、筆者がかかわった動きを紹介します。2013 年に発表された経済産業省の「新事業創出のための目利き・支援人材育成等事業（Jump Start NIPPON）」（通称：目利き事業）、「ベンチャー宣言」、「ベンチャー・チャレンジ 2020」です（図表 15-1）。

とくに「ベンチャー・チャレンジ 2020」のなかでは、①地域と世界の架け橋プラットフォーム、②民間による自律的なイノベーションエコシステムの構築、③新たな目標設定（ベンチャー企業への VC 投資額の対名目 GDP 比を 2012 〜 14 年の平均約 0.03％から 2022 年までに倍増）の3つによって、2020 年には「地域」と「世界」を直結すること、「大学・研究機関・大企業等の潜在力」を最大限発揮することを目指しています。

また、「新事業創出のための目利き・支援人材育成等事業」は、ベンチャーや大企業発の新事業の創出を支える支援者のグループをつくり「成長力のある技術やビジネスモデルのシーズを事業化につなげる手法やノウハウ」を具体的なケースを通じて向上させ、優秀な支援人材を育成するというものです。支援者のネットワークを形成し、新事業創出のためのエコシステム構築を目指しています。

事業のキャッチフレーズは「伯楽作戦」。それが意味するところは、世界的な競争に十分に勝ち残ることができる新事業を創出するためには、トップクラスの支援者に縦横無尽に活躍してもらうことから始める

図表15-1　ベンチャー・チャレンジ2020

（出所）首相官邸 HP（www.kantei.go.jp/jp/topics/2016/seicho_senryaku/venture_challenge2020.pdf）。

べきとの理念です。良い支援者が、新事業を推進する経営者または事業推進者を適切に叱咤・激励しながら一緒に走ってもらうことを意図した事業であるからです。

　　　　世に伯楽有りて、然る後に千里の馬有り（韓愈）。

　これまでの政府の各種支援事業は、経営者または事業推進者（およびその事業体）を政府が選定し、資金援助をするものが大半でした。これに対して本事業は、最初にトップレベルのベンチャーキャピタリスト、コンサルタント、メンターを選抜し、次にその支援者が選んだ有望なシード段階のプロジェクトを支援するというもの。民間支援者が自ら支援する先を選定し、政府が支援者、被支援者を一体として応援する、資金のみでなくネットワーク形成を目指すという、画期的なものなのです（目利き事業は終了しました）。短期間ですぐに効果が出るわけではありませんが、今後も継続することによって、実質的な成果が期待されるでしょう。「名伯楽」の活躍を見つつ「若い伯楽」が多く育つことによって、大企業や大学に眠る技術・アイデアのスピンオフや斬新なベンチャー企業が数多く生み出され、「起業大国日本」への契機となる事業になることを強く願っています。

投資規模や人材の質・量ともにイノベーションを起こす潜在力が最も高い担い手が大企業です。しかし、多くの大企業は自前主義の行きすぎであるNIH（Not Invented Here）症候群の呪縛を受けています。大企業がこうした伯楽の目利きによるプロセスを利用すれば、自社が手がける新規事業を、NIHの呪縛を受けることなく客観的に選び育てることができるようになるのです。すなわち、日本のイノベーションに大きく貢献することが期待できるでしょう。

　一方、リスクキャピタルと製品・サービスの販売先を求めているベンチャー企業にとっては、こうしたプロセスで選別され、育成されていることが信用補完機能を提供していることになります。大企業とベンチャー企業との戦略的提携のなかで、さらなるイノベーションスパイラルをダイナミックに生み出す効果も期待されるでしょう。

資料1　日本のベンチャーキャピタル、ベンチャー企業の統計、情報一覧

日本		項目	出所	サイト
ベンチャーの動向		事業所統計 （経済センサス）	総務省	http://www.stat.go.jp/data/e-census/2009/index.htm
		通商白書	経済産業省	http://www.meti.go.jp/report/whitepaper/
		法人企業統計	財務省	http://www.mof.go.jp/pri/reference/ssc/
		大学発ベンチャー	経済産業省	http://www.meti.go.jp/policy/innovation_corp/start-ups/start-ups.html
		中小企業景況 調査報告書	中小企業庁	http://www.chusho.meti.go.jp/koukai/chousa/keikyo/
		中小企業白書	中小企業庁	http://www.chusho.meti.go.jp/pamflet/hakusyo/index.html
		中小企業実態 基本調査	中小企業庁	http://www.chusho.meti.go.jp/koukai/chousa/kihon/index.htm
		中小企業の 財務指標 （平成15年〜 平成17年） （平成18年以降は 「中小企業実態 基本調査」）	中小企業庁	http://www.chusho.meti.go.jp/koukai/chousa/zaimu_sihyou/index.html
		倒産の状況	中小企業庁	http://www.chusho.meti.go.jp/koukai/chousa/tousan/index.htm
		中小企業の 企業数・事業所数	中小企業庁	http://www.chusho.meti.go.jp/koukai/chousa/chu_kigyocnt/index.htm
		新規開業に関する 調査結果	日本政策金融 公庫	https://www.jfc.go.jp/n/findings/eb_findings.html
		バイオ産業創造 基礎調査 （平成23年3月 調査まで）	経済産業省	http://www.meti.go.jp/statistics/sei/bio/
VCパフォーマンス		日本ベンチャー キャピタル協会	JVCA	http://www.jvca.jp/
		ベンチャー白書	VEC	http://www.vec.or.jp/report_statistics/vec_whitepaper_dt3/

日本	項目	出所	サイト
VCファンド運営	ファンドへの出資事業の概要	中小企業基盤整備機構	http://www.smrj.go.jp/supporter/fund_investment/index.html
	ファンドから投資を受けたい	中小企業基盤整備機構	http://www.smrj.go.jp/sme/funding/fund/index.html
	ベンチャーキャピタリスト向けセミナー	JVCA	https://jvca.jp/event
	日本の主なベンチャーキャピタル一覧	日本テクノロジーベンチャーパートナーズ	http://www.ntvp.com/link.html
投資育成、アドバイス	中小企業基盤整備機構「起業家の方へ」	中小企業基盤整備機構	http://www.smrj.go.jp/venture/index.html
	「経営者の方へ」	中小企業基盤整備機構	http://www.smrj.go.jp/sme/index.html
	中小企業に関する政策、審議状態	中小企業庁	http://www.chusho.meti.go.jp/koukai/shingikai/index.html
	中小企業に関する法律一覧	中小企業庁	http://www.chusho.meti.go.jp/koukai/hourei/index.html
	中小企業への補助金等公募案内	中小企業庁	http://www.chusho.meti.go.jp/koukai/koubo/index.html
	中小企業向け税務措置一覧	中小企業庁	http://www.chusho.meti.go.jp/zaimu/zeisei/index.html
	中小企業ビジネス支援サイト	中小企業基盤整備機構	http://j-net21.smrj.go.jp/index.html
公開マーケット	東証上場会社情報サービス（上場会社検索サイト）	日本取引所グループ	http://www.jpx.co.jp/listing/co-search/index.html
	新規上場銘柄一覧	日本取引所グループ	http://www.jpx.co.jp/listing/stocks/new/index.html

日本	項目	出所	サイト
公開マーケット	上場審査基準概要（マザーズ）	日本取引所グループ	http://www.jpx.co.jp/equities/listing/criteria/listing/01.html
	新規上場ガイドブック（マザーズ編）	日本取引所グループ	http://www.jpx.co.jp/equities/listing-on-tse/new/guide/01.html
	上場審査基準概要（JASDAQ）	日本取引所グループ	http://www.jpx.co.jp/equities/listing/criteria/listing/02.html
	新規上場ガイドブック（JASDAQ編）	日本取引所グループ	http://www.jpx.co.jp/equities/listing-on-tse/new/guide/02.html
VB情報収集	ベンチャーイベントスケジュール	中小企業基盤整備機構	http://tips.smrj.go.jp/events/
	ベンチャーキャピタルに関する書籍	アマゾンドットコム	http://www.amazon.co.jp で「ベンチャーキャピタル」と検索
	IT業界についての動向	日経BP社	http://itpro.nikkeibp.co.jp/index.html
学術論文他	ベンチャーに関する学会の動向	日本ベンチャー学会	http://www.venture-ac.ne.jp/index.html

（2017年11月）

資料2　海外のベンチャーキャピタル、ベンチャー企業の統計、情報一覧

海外	項目	出所	サイト
VCパフォーマンス	米国VC協会	NVCA	http://www.nvca.org/
	米国VC投資実績	PwC	https://www.pwc.com/us/en/technology/moneytree.html
	欧州VC動向全般	Invest Europe	https://www.investeurope.eu/
	欧州VC投資実績	Invest Europe	https://www.investeurope.eu/research/activity-data/annual-activity-statistics/
	欧州VC投資パフォーマンス	Invest Europe	https://www.investeurope.eu/research/performance-data/
VCファンド運営	*Venture Capital Journal*		http://www.vcjnews.com/
	シリコンバレーの状況（2017年第1四半期）	Fenwick & West LLP	https://www.fenwick.com/publications/Pages/silicon-valley-venture-capital-survey-first-quarter-2017.aspx
	ベンチャー企業の個別状況	RED HERRING	http://www.redherring.com/
公開マーケット	NASDAQ	NASDAQ	http://www.nasdaq.com/
	London Stock Market	London Stock Exchange	http://www.londonstockexchange.com/home/homepage.htm
VB情報収集	米国のベンチャー企業動向	SiliconValley.com	http://www.siliconvalley.com/
	米国のベンチャー企業動向	Inc.	http://www.inc.com/
	米国のベンチャー企業動向	*Forbes*	http://www.forbes.com/entrepreneurs/
	米国のベンチャー企業動向	*Bloomberg Business week*	https://www.bloomberg.com/businessweek/
	米国のベンチャー企業動向	Idea Café	http://www.businessownersideacafe.com/
	米国のベンチャー企業動向	Business 2.0	http://money.cnn.com/magazines/business2/
	米国のベンチャー企業動向	*Silicon Valley Business Journal*	http://sanjose.bizjournals.com/sanjose/

海外	項目	出所	サイト
学術論文他	*Entrepreneurship Theory & Practice*		http://www.baylor.edu/business/etp/
	Family Business Review		http://www.ffi.org/
	Journal of Business Venturing		http://www.sciencedirect.com/science/journal/08839026?sdc=1
	Journal of Finance		http://www.afajof.org/
	Journal of Financial Economics		http://jfe.rochester.edu/
	Journal of Small Business Management		http://onlinelibrary.wiley.com/journal/10.1111/(ISSN)1540-627X
	Small Business Economics		https://link.springer.com/journal/11187
	Venture Capital		http://www.ingentaconnect.com/content/routledg/tvec
	ベンチャーキャピタルに関する主要論文	ProQuest	ABI/INFORM Complete(ProQuest)と契約

（2017年11月）

資料3　ベンチャーに関するおすすめ動画（YouTubeで検索してください）

名称	概要
TED	プレゼンテーションの勉強になります。
Guy Kawasaki	エバンジェリスト：起業についての心構えなどがいっぱいです。
Steve Jobs	Apple創業者：スタンフォード大学卒業式辞は必見です。
Mark Zuckerberg	Facebook創業者：初期の頃の本社の様子を説明しているのは面白い。
Paul Graham	Y Combinator創業者：多くのベンチャーのアクセラレータをしています。
Marc Andreessen	Netscape創業者、有名ベンチャーキャピタリスト： モバイルやIT業界のトレンドなどを解説します。
John Doerr	米国の有名ベンチャーキャピタリスト：Google、Amazonなどに投資、 初期のベンチャー企業への指導方法などもわかります。
孫　正義	ソフトバンク創業者：将来の世の中について語っています。
稲盛和夫	京セラ創業者：「経営は利他の心で」と語ります。

資料4　ベンチャーに関するおすすめ映画

『小さな命が呼ぶとき』（CBS フィルムズ、2010 年）
　　監　督：トム・ボーン
　　出演者：ブレンダン・フレイザー、ハリソン・フォード
　　　　　　ベンチャーの創業、ベンチャーキャピタルからの投資、M&A、ミッションの大切さなど、すべての要素を網羅。

『マイ・インターン』（ワーナー・ブラザース、2015 年）
　　監　督：ナンシー・マイヤーズ
　　出演者：ロバート・デ・ニーロ、アン・ハサウェイ
　　　　　　ニューヨークのファッション通販サイトのベンチャー企業の経営者と 70 歳の経験豊富なシニア・インターンが、立ちはだかる難問に立ち向かっていく物語。

『マネーボール』（コロンビア映画、ソニー・ピクチャーズ エンタテインメント、2011 年）
　　監　督：ベネット・ミラー
　　出演者：ブラッド・ピット、ジョナ・ヒル
　　　　　　弱く資金難の野球チームであるオークランド・アスレチックスのゼネラルマネジャーが、データ解析のプロと一緒にイノベーションを起こしてゆく物語。

『スティーブ・ジョブズ』（ユニバーサル・ピクチャーズ、2015 年）
　　監　督：ダニー・ボイル
　　出演者：マイケル・ファスベンダー、ケイト・ウィンスレット
　　　　　　1984 年 Macintosh プレゼンテーション直前、1988 年 NeXTcube プレゼンテーション直前、1998 年 iMac プレゼンテーション直前のそれぞれの様子から、創業者の人となりがわかる。

『ソーシャル・ネットワーク』（コロンビア映画、ソニー・ピクチャーズ エンタテインメント、2010 年）
　　監　督：デヴィッド・フィンチャー
　　出演者：ジェシー・アイゼンバーグ、アンドリュー・ガーフィールド
　　　　　　Facebook の創業当時の物語。創業の経緯やその後の成長のきっかけが偶然に近いことがわかる。

資料5　ベンチャーに関するおすすめ情報サイト

サイト名	URL
TechCrunch	http://jp.techcrunch.com/
CNET Japan	http://japan.cnet.com/
THE BRIDGE	http://thebridge.jp/
entrepedia	http://entrepedia.jp/
GIZMODO	http://www.gizmodo.jp/

起業を目指すなら知っておきたい
名言集

秋山好古
(陸軍大将。日露戦争では騎兵第1旅団長として活躍。日本騎兵の父と呼ばれる)

「男子は生涯一事をなせば足る」。

稲盛和夫
(京セラ、第二電電（現KDDI）創業者)

「人を動かす原動力は、ただ一つ、公平無私。天賦の才を決して私物化してはならない。むしろ、謙虚に、集団のためにその才能を使うべきなのだ。誰かと議論を行う際は、はじめに相手の立場を考え、相手を思いやることのできる心の余裕が必要だ。そうすれば、互いの相違を乗り越えた、本当に建設的な議論ができる」。

「私はつねづね利己ではなく『利他』が重要だといっていますが、簡単に妥協してしまう人は利己的な人が多い。残念ながら、日本企業のリーダーにはこのことを自覚できている人がたいへんに少ないと思います」。

上杉鷹山
(出羽国米沢藩の第9代藩主。領地返上寸前の米沢藩再生のきっかけをつくった)

「為せば成る、為さねば成らぬ何事も、成らぬは人の為さぬなりけり」。

植村直己
(冒険家。世界初五大陸最高峰登頂、単独北極点到達、世界初マッキンリー冬期単独登頂に成功)

「あきらめないこと。どんな事態に直面してもあきらめないこと。結局、私のしたことは、それだけのことだったのかもしれない」。

勝海舟
(江戸時代末期から明治時代初期の武士（幕臣）、政治家。軍艦奉行並となり神戸海軍操練所を開設)

「功名をなそうという者には、とても功名はできない。戦いに勝とうという者には、とても勝ち戦はできない。何ごとをするにも、無我の境に入らなければいけないよ」。

スティーブ・ジョブズ
(Apple 創業者)

「すばらしい仕事をするには、自分のやっていることを好きにならなくてはいけない。まだそれをみつけていないのなら、探すのをやめてはいけない。安住してはいけない。心の問題のすべてがそうであるように、答えを見つけたときには、自然とわかるはずだ」。

高杉晋作
(幕末の志士（長州藩士）。奇兵隊などを創設)

「『朝に人としての道を悟ることができれば、その晩に死んでも悔いはない』ということこそが人の道である。人としての努力をすることもなく、ただ死に向かうのは人の道ではない」。

福沢諭吉
(幕末の武士。思想家、教育家)

「進まざる者は必ず退き、退かざる者は必ず進む」。

本田宗一郎
(ホンダ（本田技研工業）創業者)

「人真似をするな。楽をしたければ人真似をするのも自由だが、そ

うなると企業は転落と崩壊の道をたどり始める」。

「多くの人は皆、成功を夢見、望んでいますが、私は『成功は、99パーセントの失敗に与えられた1パーセントだ』と思っています。開拓者精神によって自ら新しい世界に挑み、失敗、反省、勇気という3つの道具を繰り返して使うことによってのみ、最後の成功という結果に達することができると私は信じています」。

升田幸三
(将棋棋士。名人・王将・九段の史上初の三冠)

「時代は変わっても、人間を磨くのは目的に挑戦する苦労だということは変わりません。いまの人も苦労はしているが、それは物欲を満たす苦労で、自分独特、独創の苦労ではない。どんな世界でも同じだと思う。プロとアマの違いはアマは真似でも通用するが、プロの道は独創。またそうでなきゃ通用しない。だから苦しいが喜びも計り知れない」。

松下幸之助
(松下電器（現パナソニック）創業者)

「私は、人間というものは、たとえていえば、ダイヤモンドの原石のような性質をもっていると思うのです。すなわち、ダイヤモンドの原石は、もともと美しく輝く本質をもっているのですが、磨かなければ光り輝くことはありません」。

「自分には自分に与えられた道がある。天与の尊い道がある。どんな道かは知らないが、ほかの人には歩めない」。

山本五十六
(軍人。海軍大将・元帥。太平洋戦争時に連合艦隊司令長官)

「やってみせ、言って聞かせて、させてみせ、ほめてやらねば、人は動かじ。

　話し合い、耳を傾け、承認し、任せてやらねば、人は育たず。

やっている、姿を感謝で見守って、信頼せねば、人は実らず。

　苦しいこともあるだろう。云い度いこともあるだろう。不満なこともあるだろう。腹の立つこともあるだろう。泣き度いこともあるだろう。これらをじっとこらえてゆくのが男の修行である」。

吉田松陰
(幕末の志士（長州藩士）。思想家、兵学者。松下村塾で幕末・明治期の指導者を教育)

　「夢なき者に理想なし、理想なき者に計画なし、計画なき者に実行なし、実行なき者に成功なし。故に、夢なき者に成功なし」。

索　引

A〜Z

Art（感性）　9
CEO　62
CFO　62
COO　62
Cost Structure（コスト構造）　52
CTO　62
Customer Relationships（顧客との関係）　51
Google　93
Groupon　93
JINS　53
Key Resources（リソース）　51
PDCAサイクル　40
Science（理論）　9
TED　113
Uber　34
Value Propositions（価値提案）　51
WHILL　37
Yコンビネータ　33
Zynga　93
3F　86
500 Startups　33

ア　行

アスクル　47
安定成長期　88
アントレプレナー・フォーメーション　108
異業種ベンチマーク　31
異質性と同質性のジレンマ　65
イノベーション　26
イノベーションのジレンマ　27
井深大　61
インクス　117
ウォズニアック、スティーブ　61
営業活動によるキャッシュ・フロー　122
エージェンシー理論　91
エレベータピッチ　43
オイシックス　1

カ　行

カスタマーペイン　33
カーブス　71
企業価値（Enterprise Value）　145
技術起点　28
キム、W・チャン　74
キャッシュ・フロー計算書　121
急成長期　88
競争戦略　73
グリー　83
クリステンセン、クレイトン　27
経営要素を手放すジレンマ　87
経営理念　16
ケレハー、ハーブ　15

顧客満足　　16
コスト・リーダーシップ戦略　　73
コーポレート・ガバナンス　　95
コーポレートベンチャーキャピタル
　　133
コンプライアンス　　16

サ　行

サイバーダイン　　141
財務活動によるキャッシュ・フロー
　　123
サウスウエスト航空　　15
ザッカーバーグ、マーク　　5
差別化戦略　　74
市場起点　　28
持続的イノベーション　　27
シード期　　88
死の谷（デスバレー）　　125
資本政策　　85, 90
社会起点　　28
ジャパン・ティッシュ・エンジニアリング
　　17, 23
従業員満足　　16
集中戦略　　74
守破離　　31
種類株式　　93
シュンペーター、ヨーゼフ　　26
ジョブズ、スティーブ　　5, 61
衰退期　　88
スタートアップ期　　88
ストックオプション　　92
頭脳的な総合格闘技　　163

タ　行

ダイレクトモデル　　48
ダーウィンの海　　125
高橋荒太郎　　61
多数議決権株式　　93
食べログ　　31
ディープラーニング　　55
ティモンズ、ジェフリー・A　　4
デミング・サイクル　　40
投資活動によるキャッシュ・フロー
　　122

ナ　行

日本版dual class　　142
人間起点　　29

ハ　行

破壊的イノベーション　　27
パッカード、デビッド　　61
バーナード、チェスター　　16
ビジネスエンジェル　　88, 110
ビジネスプラン　　97
ビジネスモデル　　50
ビジネスモデルキャンバス　　50
ビジョナリー・カンパニー　　63
ヒューレット、ウィリアム　　61
ファミリービジネス　　112
藤沢武夫　　61
ブルー・オーシャン戦略　　74
プロセス・イノベーション　　26
プロダクト・イノベーション　　26
ペイジ、ラリー　　93
ベゾス、ジェフ　　5

ベンチャー企業　　3
ベンチャーキャピタル　　88, 110
補佐的人材　　64
ポーター、マイケル　　73
本田宗一郎　　61

マ　行

マイルストーン　　41
松下幸之助　　61
魔の川（デビルリバー）　　125
ミッション　　19
村上太一　　112
メガトントレンド　　30
メンター　　110
モボルニュ、レネ　　74

盛田昭夫　　61

ヤ　行

優先株式　　93
ユーグレナ　　131

ラ行・ワ行

リース、エリック　　33
リブセンス　　111
リーン・スタートアップ　　33
ルンバ　　29
レッド・オーシャン　　74
ワイズセラピューティックス　　57
ワッサーマン、ノーム　　87

【著者紹介】
長谷川博和（はせがわ　ひろかず）
早稲田大学大学院経営管理研究科 ビジネススクール（WBS）教授
早稲田大学ビジネス・ファイナンス研究センター 所長
国際ファミリービジネス総合研究所 所長
グローバルベンチャーキャピタル株式会社 会長
専門分野：ベンチャー企業論、新規事業論、ファミリービジネス論
略歴：早稲田大学大学院アジア太平洋研究科博士後期課程修了、学術博士（早稲田大学）。野村総合研究所で自動車分野の証券アナリスト（アナリストランキング自動車分野で日本トップ）、株式会社JAFCOを経て、独立系ベンチャーキャピタルの草分けであるグローバルベンチャーキャピタルを創業し、社長、会長（投資先上場企業としてインターネット総合研究所、オイシックス、ジャパン・ティッシュ・エンジニアリングなど多数。運用してきたファンドのパフォーマンスは日本トップクラス）。京都大学大学院MBA非常勤講師、青山学院大学MBA特任教授を経て2012年から現職。公認会計士、日本証券アナリスト協会検定会員、経済産業省大臣有識者会議委員、総務省・文部科学省の委員会委員長・座長などを歴任。日本ベンチャー学会副会長、ファミリービジネス学会理事。
www.wbs-entre.com/

『［決定版］ベンチャーキャピタリストの実務』東洋経済新報社、2007年、『マネジメント・テキスト ベンチャーマネジメント［事業創造］入門』日本経済新聞出版社、2010年、『日本のファミリービジネス』（共著）中央経済社、2016年、『ファミリービジネス 賢明なる成長への条件』（共訳）中央経済社、2015年、その他著書・翻訳書・監修など多数。

〈はじめての経営学〉
ベンチャー経営論

2018年2月1日　第1刷発行
2024年10月29日　第3刷発行

著　者――長谷川博和
発行者――田北浩章
発行所――東洋経済新報社
　　　　　〒103-8345　東京都中央区日本橋本石町1-2-1
　　　　　電話＝東洋経済コールセンター　03(6386)1040
　　　　　https://toyokeizai.net/

装　丁……………橋爪朋世
カバーイラスト…………田渕正敏
本文デザイン・DTP……高橋明香（おかっぱ製作所）
印　刷……………港北メディアサービス
製　本……………積信堂
編集担当…………中山英貴
©2018 Hasegawa Hirokazu　　Printed in Japan　　ISBN 978-4-492-50296-9

本書のコピー、スキャン、デジタル化等の無断複製は、著作権法上での例外である私的利用を除き禁じられています。本書を代行業者等の第三者に依頼してコピー、スキャンやデジタル化することは、たとえ個人や家庭内での利用であっても一切認められておりません。

落丁・乱丁本はお取替えいたします。

〈はじめての経営学〉シリーズ
刊行にあたって

　本シリーズは、経営学の各分野を平易に解説したテキストシリーズです。記述の中心は初級・中級レベルの議論にあり、トピック次第で、より高いレベルの議論にも言及しています。各巻の執筆者には、それぞれの分野における第一人者の参集を得ました。

　想定読者としては、大学で経営学にはじめて触れる商学部・経営学部の1・2年生、ビジネススクールに入学し、将来のプロフェッショナル経営人材をめざしている社会人、さらには社内外の教育・研修や自学自習のおりに、みずからのキャリア転機について考えるようになったビジネスパーソンなど、幅広くイメージしています。

　本シリーズでは、経営学のおもな概念や理論を個別断片的に紹介するより、できるだけ大きな流れのなかで、それを体系的にとらえて紹介するようにしています。またビジネスの現場で使える「生きた経営学」を身につけることができるように、実例やケーススタディを豊富に活用しているのも特色のひとつです。

　本シリーズがビジネスの現場と経営学とのよき橋渡しとなり、有為な人材の輩出に寄与することを心より願っています。

編集委員：榊原清則（代表）
青島矢一
網倉久永
長内　厚
鈴木竜太

これからのラインナップ

鈴木竜太『経営組織論』
青島矢一・榊原清則『経営学入門』
網倉久永『経営戦略論』
久保克行『経営学のための統計学・データ分析』
遠山亮子『知識経営論』
薄井　彰『会計学入門』

（以下続刊）